刑法难译

Criminal Law Difficult to Translate

刘宗路——著

法律出版社
LAW PRESS · CHINA
——北京——

图书在版编目（CIP）数据

刑法难译 / 刘宗路著. -- 北京：法律出版社，2024. -- ISBN 978-7-5197-9501-6

Ⅰ. D914.04

中国国家版本馆 CIP 数据核字第 2024BY0008 号

刑法难译
XINGFA NANYI

刘宗路　著

策划编辑 周　洁　林　蕊
责任编辑 周　洁　林　蕊
装帧设计 李　瞻

出版发行 法律出版社
编辑统筹 司法实务出版分社
责任校对 李慧艳
责任印制 吕亚莉
经　　销 新华书店

开本 880 毫米×1230 毫米　1/32
印张 6.75　　**字数** 149 千
版本 2024 年 12 月第 1 版
印次 2024 年 12 月第 1 次印刷
印刷 保定市中画美凯印刷有限公司

地址：北京市丰台区莲花池西里 7 号(100073)
网址：www.lawpress.com.cn
投稿邮箱：info@lawpress.com.cn
举报盗版邮箱：jbwq@lawpress.com.cn
销售电话：010-83938349
客服电话：010-83938350
咨询电话：010-63939796

书号：ISBN 978-7-5197-9501-6
定价：68.00 元

凡购买本社图书，如有印装错误，我社负责退换。电话：010-83938349

Maria und Hugo Ott

gewidmet

PREFACE / 前言

你手头的这本《刑法难译》是我翻译德国《刑法典》的原因，也是对我自己的中译本在准确性与可读性上所做的说明。

一、本书的内容简介

在第 1 题中，我以盗窃罪（第 242 条）为例，谈论了翻译中的**同义反复**、**漏译**以及**用词的专业性**这三个问题。分则罪名的罪状（我是指立法文本中立法者用以描述具体犯行的那些话）从性质上看是立法者为特定犯行所下的定义，这个定义中原则上不应该出现罪名名称里的字眼，否则就是同义反复（同一个字眼既出现在定义中，又出现在被定义的概念中）。同义反复的定义不是好的定义——像“盗窃就是盗窃某物”“抢劫就是抢劫某物”“身体伤害就是伤害身体”这样的话，说了跟没说区别不大。由于被定义的概念没有在关键之处得到解释，法律适用者没法用它来分析案件。德国《刑法典》的德文原文中极少出现同义反复，这个现象之所以存在于德国《刑法典》的中译本中，大多情况下是由译者造成的。

德国的立法者不但用词精准，在着墨上其实也很节省。就绝大多数条款而言，德文原文中没有一个多余的字。因此，译者原则上应当把原文中的所有概念都译出来，而不能为了自己译文的简洁去随意取舍，否则就可能会漏译。漏译的后果是：译文改动了原文的实质内容，减少了德国立法者对相关问题所做的限定。在第 1 题中，我以盗窃罪罪状中“einem anderen”（“从别人那里”）这个间接宾语为例对此进行了具体说明。

当立法用语中出现具有法律专业内涵的概念时，译者选择相应中文概念的唯一标准是准确。准确的意思是，那个用来翻译相关德文词汇的中文词汇在中国法律人的概念体系中所具有的专业含义与那个被翻译的德文词汇在德国法律人的概念体系中所具有的专业含义是一样的。在第 1 题中，我以盗窃罪罪状中的“zueignen”（“据为己有”/“据为他有”）为例阐述了何为用词的专业性以及不遵守这一标准可能产生的后果。

在第 2 题中，我以“对犯行事实情况的认识错误”（第 16 条）为例，着重谈论了**法条名称的翻译**和**译文内部用语统一**的问题。针对前者，我主张直译，反对译者擅自为法条重新起名字（严格来说，那不是翻译，而是改写），否则，译文不仅不准确，而且不易懂，还会产生大量的伪专业术语。针对后者，我主张译文要保持与德文原文相同的区分度。以“handeln”（“行为”/“行动”）、“Tat”（“犯行”）、“Straftat”（“可罚犯行”）、“Verbrechen”（“重罪”）、“Vergehen”（“轻罪”）这一组概念为例，它们在德文里不是同一个意思，因此，用来翻译它们的那些中文概念也不应该是同义词或甚至是同一个词。当译者无法在自己的译文中体现出这些不同德文字眼之间的区分度时，德国《刑法典》的中译本相对于德国《刑法典》的德文原本而言，从定义上讲就是粗糙的。这种粗糙在中文读者那里严重拉低了德国人的立法水准。既然我们学习德国法的根本目的是学习德国法律人在制定和解读规范时的精准严谨，而这种精准严谨是从立法开始的，那么，不对德国人的立法进行忠实翻译，中文读者在凭借译著学习德国法时就很可能只是学了个寂寞（当然，也许还会学出更多的烦恼）。

在第3题中，我以买卖人口罪为例（第232条），主要介绍了内容较为复杂的立法规定在**句子结构与排版格式**上不同于我国《刑法》的一些特点以及在翻译动词时多数译者在**观念上所陷入的一个误区**。就前者而言，无论内容如何丰富、语法结构多么复杂、排版上分了多少个层级以及相应地用了多少组不同种类的符号来表示那些层级，德国《刑法典》的立法者在撰写法条时都是用结构完整的句子来造句的。任何一句话，从开始到句号出现之前，中间所有的内容从语法、语文上看都是一句连贯而通顺的话。翻译时，如果为了避开中文里的造句困难而将德文原文中完整连贯的一个句子拆开，写成“简单句+冒号+对‘项’的内容的罗列”这样的形式（如我国《刑法》第240条第1款），中文读者在许多情况下是完全无法理解译文想要表达的实质内涵的。因此，我反对这种极易引起误解与费解的改写式的译法，倡导译者严格按照德文原文的断句来造中文的句子。就后者而言，鉴于德国立法用语中的绝大多数动词都是日常用语，而非法律专业术语（如“beherbergen”的意思是“提供住宿”，而非“留置”或“容留”），许多译者胸中所涌动着的总想找一些听起来很专业、很高级的动词来对应德文法条里的大白话的冲动实际上是建立在对法律是什么的严重误解之上的。这种观念上的扭曲，决定了译者在审美上的务虚偏好，最终导致的是中文读者的阅读困难。这一点我在本书其他地方也多次进行过说明。

就翻译的态度、方式方法、常见的瑕疵纰漏以及由此而导致的中文读者的阅读困境而言，前3题已经覆盖了我在本书中所要谈论的所有一般性问题。在第4题和第5题中，这些一般性的问题还将被落实在其他不同的法律规定中反复地被澄清。此外，我在第4题中还着重肯定了中文与德文之间在法学领域中的可译性，阐释了可译与否放在具体场合下究竟是由什么决定的。第5题实际上由三类不同的翻译对象所组成（罪刑法定原则、共同犯罪、正当防卫与紧急避险），我选取它们是因为这是所有学习刑法的人都绕不开的条款，作为刑法总则中涉及犯罪论的法律规定，它们的角色至关重要。将翻译中的一般性问题放在这样的条文上予以说明，读者在窥探翻译活动的底细之余，也将获得对德国刑法犯罪论的更为透彻的理解。

二、关于对其他译本的参考与批评

为了言之有物、有据可依，我不得不通过对比与批评其他现有德国《刑法典》中译本的相关内容来实际开展本书的写作。在进行这项工作的同时，对于本书所涉译本的相关译者我是抱有高度敬意的。即使不谈论其他译本的历史贡献，也不考虑各种译本的产生时代以及当时的限制条件，后来的译本总是在参考较早译本的基础上才得以更进一步的。如果没有看到前人犯的错，后来者大概也只会去把同样的错误再犯一遍，而不是利用前人所积累的经验教训，避开那些本也是为自己量身定做的“坑”，跨过那些自己本来并没有能力跨过去的“坎”。就此而言，在正文的直言不讳与短兵相接之余，我在此一并对出现在本书参考资料中的所有译者表示感谢与敬意，并声明本书中的一切批评皆为学术探讨——那些为了行文效果而时有出现的尖锐措辞背后也并非人身攻击的恶意，而是建立在同行信任之上的学术诚意。

在“真理越辩越明”的基本假定之下，对于自己的译文中所可能存在的错误，我自然也保有足够的自觉。只不过，指出我译文中的错误是未来其他译者（当然，还有读者）的任务，而不是我此刻力所能及的事情。话说回来，如果一名译者在交付译稿时自己就能够看出其中所残留的瑕疵，那么出于职业道德的要求，他最好的选择大概不是就此为自己的译本画上句号。

三、本书的预设读者

最后，这本书虽然是在谈论德译汉的翻译问题，但我所预设的读者群体就其主体而言却并不仅仅是懂德语的人，而是包括了法科生、法学教师与法律实务从业人员在内的所有学习刑法、研究刑法、应用刑法的中国法律人。借助彩印的印刷技术，将德国《刑法典》的德文原文和不同的中文译本中那些相关的字眼（指向同一个意思、同一个成分的词汇）以相同的颜色或字体进行标记，本书完全可以做到向不懂德语的法律人直观生动地展示不同译本与德文原文之间的对应关系（抑或不对应关系），并将比较分析的焦点以不懂德语的人也可以理解的方式精确锁定在特定的字眼、成分或语法结构之上，最终通过我自己的文字讲解来为读者就每一个议题中德文原文与中文译文之间的对应关系进行庖丁解牛。

在这个过程中，我所谈论的并不仅仅是以法律规范为翻译对象的德译汉问题。那些以现行德国《刑法典》中的具体规定为实例而进行的逐层深入的剖析在更大的程度上可以被视为对中国刑法学界引入“德国刑法教义学”以来所发生的各种误会与曲解在语言维度、立法层面上所进行的一次正本清源。

刘宗路

2024年7月

文献简称表

参考文献	简称
徐久生译：《德国刑法典》，北京大学出版社 2019 年版	徐久生版
何赖杰、林钰雄（审译），李圣杰、潘怡宏（编译），王士帆等（译）：《德国刑法典》，元照出版公司 2019 年第 2 版（该书为繁体版，本书引用时以简体书写）。	何赖杰 / 林钰雄版
冯军译：《德国刑法典》，中国政法大学出版社 2000 年版	冯军版
王钢著：《德国判例刑法：分则》，北京大学出版社 2016 年版	王钢版

CONTENTS / 目录

第1题

同义反复

——以盗窃为例

§ 242 Diebstahl

(1) Wer eine fremde bewegliche Sache einem anderen in der Absicht wegnimmt, die Sache sich oder einem Dritten rechtswidrig zuzueignen, wird mit Freiheitsstrafe bis zu fünf Jahren oder mit Geldstrafe bestraft.

刘宗路版

第 242 条　盗窃

(1) 从别人那里拿走他人可移动之物者，若其目的是将此物非法地据为己有或据为他有，处五年以下自由刑或罚金。

徐久生版

第 242 条 （盗窃）

1. 意图使自己或第三人不法占有，盗窃他人动产的，处 5 年以下自由刑或罚金刑。

何赖杰 / 林钰雄版（译者：周漾沂）

第 242 条 【窃盗罪】

(1) 意图为自己或第三人不法之所有，而窃取他人之动产者，处五年以下有期徒刑或罚金。

冯军版

第 242 条　盗窃。(1) 行为人以使自己或者第三者违法地占有的意图而拿走他人可移动的物品的，处五年以下的自由刑或者金钱刑。

王钢版

第 242 条 盗窃

以使自己或第三人非法所有为目的，取走他人可移动的物的，处五年以下有期徒刑或者罚金。

一、盗窃就是“拿走”别人的东西

（一）犯行的名称

德国《刑法典》第 242 条所规定的罪名，其德文名称是“Diebstahl”。从字面上看，它的意思是“窃贼行窃”或“小偷行窃”。其中，“Dieb”的意思是“小偷”“窃贼”；而“Stahl”是动词“stehlen”的名词形态。在德语的日常用语中，当人们想表达“盗窃”（或谓“窃取”“行窃”）这个举动时，会用动词“stehlen”。第 242 条这个罪名的名称虽然字面上可以译为“窃贼行窃”或“小偷行窃”，但由于现代汉语的日常用语以及法律用语都习惯于将这个犯行称为“盗窃（罪）”，而对罪名名称的翻译本身不会影响对其法定**犯行构成**或谓法定**构成要件**的理解，故我在此——从其他译者的说法以及中文读者的习惯——也将其译为“**盗窃**”。

关于对犯行名称的翻译，需要注意的是，德国的立法者在给分则的具体犯行起名字时，并没有在每个犯行名称的结尾处加上一个“罪”字。例如，第 211 条的名称是“Mord”（“谋杀”）而非“谋杀罪”；又如，第 223 条的名称是“Körperverletzung”（“身体伤害”）而非“身体伤害罪”、第 246 条的名称是“Unterschlagung”（“侵占”）而非“侵占罪”。对此，即使不懂德文，仅通过观察以上这三个罪名的德文写法，你也很容易意识到，它们之间并没有——以“罪”字为内容的——交集。

（二）犯行中行为人的核心动作

1. 构成要件行为：“einem anderen...wegnimmt”

作为盗窃这一犯行的构成要件，德国的立法者在《刑法典》第 242 条第 1 款中定义“Diebstahl”（“盗窃”）时，并没有使用“stehlen”（“盗窃”“窃取”）这个词——就像在定义敲诈勒索（第 253 条）时并没有使用“敲诈勒索”、在定义身体伤害（第 223 条）时也没有使用“伤害”这个词一样。立法者所使用的那个核心动词是“wegnehmen”（注意：法条原文中实际出现的“wegnimmt”是“wegnehmen”这一动词原形的第三人称单数形式）。这个动词本身是一个日常用语，无论在含义上还是在用法上，它都可以非常精确地对应中文里的“拿走”一词。

用“wegnehmen”（“拿走”）来描述行为人在实施盗窃犯行时的核心举动，从文义解释的角度来看，天然就能够对盗窃的构成要件产生两个影响：

其一，“拿走”的对象只能是拿得走的东西。这意味着该犯行的行为对象只能是“物”，而不能是“电能”（德国《刑法典》第248条c专门针对电能这个行为对象规定了另外一个不同于“盗窃”的犯行），不能是“权利”或是作为抽象的法律关系的“财产”（试想：你虽然可以拿走我的手表，但其实拿不走我对自己手表的所有权）。

其二，“拿走”——虽然不必然，但如果其使用者愿意的话——可以涉及从谁那儿、从哪里拿走的问题。事实上，德国的立法者在这个条款的德文原文中明确指出“einem anderen...wegnimmt”（“从别人那里拿走”）。这个有关拿走之方式的表述对立法者来说非常重要，是不可以省略的。这是因为，德国的刑法适用者正是依据“einem anderen”（“从别人那里”）这一限定语而将“wegnehmen”（“拿走”）解读为“fremder Gewahrsam”（“他人占有”）、“Begründung neuen Gewahrsams”（“建立新的占有”）和“Bruch”（“打破”）这三个构成要件要素的。当中文译本省略对法条原文中“einem anderen”（“从别人那里”）这一表达的翻译时，德国《刑法典》中盗窃的构成要件实际上被改动了——改动的结果是：就其罪状而言，德国刑法中对遗忘物的侵占之法定构成要件与盗窃之法定构成要件之间没有实质区别了！

例1：一条被他人遗失的金项链静静地躺在马路上，你路过时眼疾手快地发现了这条项链并迅速把它捡起来拿走，心想：今天可捡了个大便宜。

王钢版

第 242 条　盗窃

以使自己或第三人非法所有为目的，取走他人可移动的物的，处五年以下有期徒刑或者罚金。

例 1 中，“你”的所作所为是否符合王钢版对盗窃之构成要件的中文译文呢？如果该版本译文中的“取走”和另外两个版本（也即我的译文和冯军版的译文）中的“拿走”是同一回事儿的话，那答案就是肯定的（我相信，该译本的译者不会反对“取走”和“拿走”都是对德文“wegnehmen”一词的正确翻译——尽管我认为“拿走”要更加正确一些）。试想：作为该案的行为人，你有没有“取走”那条金项链？那条金项链是不是一个“物”？是不是“他人”的？能不能“移动”？你捡它时，是不是打算“使自己”对其“非法所有”？都是的话，你干的事儿是不是就符合上面这个版本的盗窃犯行之构成要件了呢？

王钢版

第 246 条　侵占

使自己或第三人非法所有他人可移动的物的，若该行为没有在别的条文中被规定更重的处罚，则处三年以下有期徒刑或者罚金。

与此同时，作为一个法律人，你应该不会怀疑，例 1 中“你”的所作所为其实是一个典型的侵占（例 1 中“你”的所作所为在德国刑法上也构成侵占）。那么，这是否意味着，德国刑法上的盗窃在王钢版的译文中变成了侵占？我是说，这是否意味着，该版本的译文将德国《刑法典》第242条中名为“盗窃”的那个可罚犯行（通过遗漏德文原文中“einem anderen”这一表达）译成了一个实质上与德国《刑法典》第246条第1款所规定的那个名为“侵占”的构成要件差不太多的构成要件？“差不太多”的意思是，王钢版的盗窃之所以终究不是侵占，只是因为德国《刑法典》第246条第1款对于成立侵占还额外要求了“wenn die Tat nicht in anderen Vorschriften mit schwererer Strafe bedroht ist”（“若该行为没有在别的条文中被规定更重的处罚”），而德国《刑法典》第242条所规定的“处罚”确实比第246条第1款所规定的“处罚”要“更重”。

这是一个不得不令人深思的问题，它应该引起所有译者警惕的是：就法条文本的翻译而言，在选择中文译本的表达方式时，稍不留神就有可能在法学专业的层面上造成相关文本在实质内涵上的变动。因此，对译者来说，稳妥的策略肯定是直译，一字不落地直译，不加修饰地直译。

回到对德国《刑法典》中盗窃这一犯行之构成要件的翻译上来。同样都是“拿走”，换一个拿走的方式，就可能是另外一个罪名了（只需想象，抢劫其实也只不过是另外一种方式的“拿走”而已）。可见，就同一个举动而言，其被实施的方式在德语的法条文本中有多么重要。只要德国的立法者在法条的德文文本中对行为的方式进行了限定，作为译者，我们在把它往中文里翻译时，就不能够为了显得言简意赅而省略掉立法者对那个方式的精确表述，就像王钢版（“取走他人可移动的物的”）在翻译第242条第1款时所做的那样（当然，值得肯定的是，在现有的几个中译版本中，这个版本总体而言是最为忠实德文原文中对盗窃所做的描述的——起码译者对“取走”一词的选择已经避免了同义反复的错误，并且也没有发生冯军版在对主观构成要件的翻译上所犯的错误，这个错误我会在本题结尾处予以指明）。当然，更不可以为了显得“雅”、显得“专业”、显得“高级”而连那个德文文本中的动词也一并篡改了，就像徐久生版（“盗窃他人动产的”）、何赖杰/林钰雄版（“窃取他人之动产者”）在翻译第242条第1款时所做的那样。后两个译本用“盗窃”“窃取”来定义什么是作为犯行的“盗窃”，犯了下定义时同义反复的大忌。这样的定义，根本就是没法用的。

2. 行为对象：“eine fremde bewegliche Sache”

此外，作为“拿走”的行为对象，如前所述，“动产”的说法不符合德文原文的表述。德国的立法者在法条里明确地将该对象锁定为“物”，并且用“可以移动的”这一属性来限定它。无论在中文世界里我们如何理解“动产”这个概念（例如，它是指所有权所附着的那个可移动的“东西”，抑或是指对可移动的东西的“所有权”），在翻译德国《刑法典》第242条第1款时，都应该忠实于德文文本的具体表述，而不应当使用中文世界里的所谓“法律术语”来对德文原文进行这种明显不必要的改写。在本国语言有能力忠实地翻译外文原文时，译者是没有这个改写的权利的，尤其是当我们所面对的外文文本是出自用词很考究、考虑很周全甚至“心机很深”的德国立法者之手时。

结论是：徐久生版与何赖杰/林钰雄版将该法条中“eine fremde bewegliche Sache”译为“他人动产”抑或“他人之动产”的做法，至少是一个非常不准确的改写——如果不算是对德文原文的曲解的话（其实，我认为这个翻译已经明显属于对德文原文的曲解了）。反之，王钢版（“他人可移动的物”）、冯军版（“他人可移动的物品”）以及我的译文（“他人可移动之物”）对“eine fremde bewegliche Sache”的翻译是符合德文原文的具体表述的。

二、“拿走”的目的

德国《刑法典》的立法者在设计盗窃犯行的构成要件时，明确要求行为人在作出“拿走”这一客观举动时内心抱有一个特定的目的。对这一目的之内容所进行的立法描述中有一个德文核心动词叫作“zueignen”，它的意思是通过将物品本身或以之为载体的物质上的价值并入自己的财产而将自己当作该物的所有权人。[①] 换个说法，就是非分地去充当该物的主人、将自己当作该物的主人来对待。

① Bosch in Schönke/Schröder，Strafgesetzbuch，Kommentar，30 Aufl. 2019，§ 242 Rn. 47.

由此出发，作为中文译文，行为人在拿走那个东西（或谓“物”）时想要达到的目的，肯定不只是“占有”它而已，而必须是“充当其所有权人”。按照这一理解，无论是何赖杰 / 林钰雄版（“意图为自己或第三人不法之所有”）还是王钢版（“以使自己或第三人非法所有为目的”）的译文都符合德文原文的意思。反之，徐久生版将此目的译为“意图使自己或第三人不法占有”，冯军版将此目的译为“以使自己或者第三者违法地占有的意图”，则是完全错误的。

想象一种情况：

例 2：行为人在被害人不知情的情况下将被害人的自行车骑走，次日实际归还，并且在骑走时就打算在三天之内予以归还。

在德国的现行刑法中，例 2 这种情况并不属于《刑法典》第 242 条所规定的盗窃，而属于《刑法典》第 248 条 b 所规定的无权地使用运输工具。但是，按照徐久生版和冯军版的译文，例 2 中盗用他人自行车的情况也完全可以被认为是符合《刑法典》第 242 条之规定的。具体而言，该行为人在偷偷骑走（也就是“拿走”）被害人的自行车时的确“意图使自己［对该自行车进行］不法**占有**”（你能说他对自行车的“占有”在客观上是“合法的”抑或他认为自己的“占有”是“合法的”吗？）。

我将《刑法典》第 242 条对行为人目的之具体内容的描述译为“将此物非法地据为己有或据为他有”，与何赖杰 / 林钰雄版或王钢版的译文并没有什么实质区别。何赖杰 / 林钰雄版的“不法之所有”、王钢版的“非法所有”都强调行为人的目的在于达到拥有所有权的实际效果（顺便说一下，“不法”“非法”这两个措辞在实质内涵上是没有区别的，纯属译者的个人行文喜好——如果乐意的话，也可以说成是“违法”。这几个中文词汇作为“rechtswidrig”的中文对应物都没有问题，就像冯军版在其译文注释中所宣称的那样：“德语中的‘rechtswidrig’是应译为‘不法’还是‘非法’抑或是‘违法’，虽然也有争论的余地，但是，其意义并不太大”[①]）。由于盗窃的行为人在法律上并不真能取得那个作为其行为对象的“物”的所有权（“非法所有”严格来讲并不是“所有”），我在译文中选择了“将此物……据为己有或据为他有”这样的措辞，以期与德文“zueignen”在德国法学中的精确含义相匹配——“据为己有”并不就真的等于“自己所有（了）”，而是指行为人企图让那个东西看起来像是自己的、行为人把那个东西当成自己的东西来对待，尽管在法律上他并不是、也未必真就认为自己是那个东西的所有权人，他只是企图行使所有权人对那个东西的一切权利罢了。

§ 242 Diebstahl

（1）Wer eine fremde bewegliche Sache einem anderen in der Absicht wegnimmt，die Sache sich oder einem Dritten rechtswidrig zuzueignen，wird mit Freiheitsstrafe bis zu fünf Jahren oder mit Geldstrafe bestraft.

① 冯军译：《德国刑法典》，中国政法大学出版社 2000 年版，第 224~225 页注释 33。

徐久生版

第242条 （盗窃）

1. 意图使自己或第三人不法占有，盗窃他人动产的，处5年以下自由刑或罚金刑。

冯军版

第242条 盗窃。（1）行为人以使自己或者第三者违法地占有的意图而拿走他人可移动的物品的，处五年以下的自由刑或者金钱刑。

最后，以“拿走”的目的是“占有”还是“所有”这个不同译者在翻译上的分歧为例，我再来说明一个在法律条文的翻译上经常会出现的一般性问题。冯军版将“rechtswidrig zuzueignen”译为“违法地占有”，徐久生版将其译为“不法占有”，二者所犯的错误是一样的。前者在其作为附录的“译文注释”中专门解释了为什么要这样翻译“zuzueignen”一词，相关注释的原文如下：

然而，德语中的“zuzueignen”是应译为“所有”还是“占有”，则关系到如何认识盗窃罪侵犯的法益，具有理论和实践的双重价值。例如，在甲将乙多年前盗窃的甲的财物又秘密取回时，因为财物本来就是甲的财[1]，如果要求盗窃罪的成立必须具有“不法所有”的意图，那么，因为甲具有的是取回自己的财物的意图（换言之，不具有不法所有的意图），所以，甲的行为就不成立盗窃

① 这里应该是“财物”二字，引文中少了一个“物”字，是引文原文本身存在的笔误。

罪；如果要求盗窃罪的成立只须具有“违法地占有”的意图，那么，由于甲的财物事实上被乙占有，甲要获得对乙占有的甲的财物的占有，只应通过法律程序来实现，甲不通过法律程序而擅自取走他人占有的财物，只要不具有自救行为、正当防卫等正当化事由，甲的行为就是违法的，因为在法治社会里不允许用非法律的手段实现自己的权利，鉴于甲取回被盗财物的行为是“违法地占有”他人占有的财物，所以，甲的行为就成立盗窃罪。“zuzueignen”的原形是“zueignen”，而“zueignen”有“献给”“私吞”“私占”“侵占”“挪用”“盗用”等译法（参见王昭仁等编《德汉词典》第 1381 页、杨业治等编《德汉词典》第 1457 页），如何翻译德国刑法典中的“zuzueignen”一词，是值得深入研究的问题。我将“zuzueignen”译为“占有”，没有多少考证的根据，只是由于我认为盗窃罪的成立只要具备“违法地占有”的意图就够了，因此，站在我的理论立场上选择了“zuzueignen”所具有的“占有”的含义。①

在这个注释所举的例子中（甲将乙多年前盗窃的甲的财物又秘密取回），甲在行为时仍然是该财物的（单独）所有权人，这意味着甲的所作所为根本不符合《刑法典》第 242 条对盗窃之行为对象所做的规定，即“eine fremde bewegliche Sache”（“他人可移动的物品”②）。具体而言，案例中的“财物”是甲自己的，因而不是“他人的”，不符合法条对“fremde”（“他人的”）的明文规定。仅凭这一点，甲就不可能因其“秘密取回”自己的财物而

① 冯军译 :《德国刑法典》，中国政法大学出版社 2000 年版，第 224 页注释 33。

② 这里的括号中所列出的是冯军版对相关德文文本的译文。

该当盗窃之犯行的构成要件——这对于德国刑法的立法现状来说是一个不容置疑的客观事实。进一步地，这意味着在翻译德国的法律规定时，冯军版的译者在如何选择其中译本的具体措辞这一问题上，并没有以德国现行刑法的实际适用效果（甲是否该当德国《刑法典》中盗窃罪的构成要件）为标准来进行选择（到底将“zuzueignen”译为“所有”还是“占有”），而是“站在［自己］……的理论立场上选择了‘zuzueignen’所具有的‘占有’的含义”，也即译者“将‘zuzueignen’译为‘占有’，没有多少考证的根据，只是由于［他自己］……认为盗窃罪的成立只要具备‘违法地占有’的意图就够了”。其中，译者所说的他自己所持有的“理论立场”，落实到这个例子中去，就是译者认为行为人“秘密取回”自己的财物的情况应当成立盗窃罪——尽管这个判断结论与德国的刑事立法以及司法实践都是相悖的。

作为一个在法律条文的翻译上并不罕见的一般性问题，译者在翻译那些关键性的法律用语时，到底以什么为标准来进行中文译文上（那种貌似可左可右）的选择，其影响可见一斑。这个标准，可能是自己的好恶、可能独立于任何“考证的根据”、可能是自己作为学者而一贯持有的“理论立场”。但是，对于一个合格的译者来说，这个标准只能是他面对的德文文本到底说了些什么，以及——当这个文本的性质是法律规范时——它作为法律规范在自己被创制出来、被实际适用的国家里究竟在发挥什么样的实际效果。

第2题

翻译还是改写？

——以事实认识错误为例

§ 16 Irrtum über Tatumstände

(1) Wer bei Begehung der Tat einen Umstand nicht kennt，der zum gesetzlichen Tatbestand gehört，handelt nicht vorsätzlich. Die Strafbarkeit wegen fahrlässiger Begehung bleibt unberührt.

(2) Wer bei Begehung der Tat irrig Umstände annimmt，welche den Tatbestand eines milderen Gesetzes verwirklichen würden，kann wegen vorsätzlicher Begehung nur nach dem milderen Gesetz bestraft werden.

刘宗路版

第 16 条　对犯行事实情况的认识错误

(1) 在实施犯行时未认识到某个属于法定犯行构成的事实情况者，其行动不是故意的。因过失的实施而产生的可罚性不受影响。

(2) 在实施犯行时误以为存在某些事实情况者，若这些事实情况——在其果真存在的情况下——将会实现某条更轻的法律的犯行构成，只有依据该条更轻的法律才能够因故意的实施而被处以刑罚。

徐久生版

第 16 条　(事实错误)

1. 行为人行为时对法定构成要件缺乏认识，不认为是故意犯罪，但要对其过失犯罪予以处罚。

2. 行为人行为时误认为具备较轻法定构成要件的，对其故意犯罪只能依较轻之法规处罚。

何赖杰 / 林钰雄版（译者：周漾沂）

第 16 条 【构成要件错误】

（1）行为时未认识该当构成要件之事实者，无故意。该行为是否以过失论，不受影响。

（2）行为时误认该当减轻构成要件之事实者，以减轻构成要件之故意论。

冯军版

第 16 条 关于行为情况的错误。（1）行为人在实施行为时没有认识属于法律的构成要件的情况的，不是故意地行动。因为过失的实施的可罚性，不受影响。

（2）行为人在实施行为时错误地以为实现的是较轻的法律的构成要件，可以因为故意的实施只受到该较轻的法律的处罚。

一、事实认识错误是对事实的认识错误，而不是对规范的认识错误

（一）德国《刑法典》第 16 条的名称

德国《刑法典》第 16 条的名称是“Irrtum über Tatumstände”。其中，“Irrtum”是“irren”这个动词的名词形态，而该动词的

意思是把错误的当作正确的、把虚假的当作真实的。作为动词,“irren”所要表达的是该动作的发出者内心世界对外部客观世界的认知状况。具体而言,就是该动作的发出者对客观世界的认识与客观世界的实际情况有偏差,也即认知有误。由此出发,作为名词,“Irrtum”自然可以被翻译为“**认识错误**”。

接下来的问题是:对什么的“认识错误”呢?

“Tatumstände”这个复合名词由两部分组成:“Tat”是“犯行”“案件”的意思;“Umstände”(这个名词的单数形式为“Umstand”)是“情况”“处境”的意思。这两个词合在一起组成“Tatumstände”,自然可以是“案件情况”的意思。其实,译为“犯行情况”也是一样的,因为“犯行”并不是指行为人的某个具体的行为、举止、动作或是所谓的“构成要件行为”,而是包括了行为人的客观行为以及该行为之对象、该行为所作出的方式、背景、行为人内心世界的状况等一系列与该犯行之法定构成要件相关的那些事实——也即整个“案件”(事实)。另言之,当德国人在刑法语境中提到“Tat”一词时,他心里想的既是中文里所说的“案件”,也是中文里所说的“犯行”。

我在“案件”和“犯行”这两个同义词中选择“犯行”而非“案件”之措辞来翻译“Tatumstände”一词中的“Tat”,一方面是因为“Tat”在单独出现(如德国《刑法典》第1条中的“Tat”被译为“犯行”)或与其他概念构成复合词(如德国《刑法典》第25条第1款中的“Straftat”被译为“可罚犯行”)时,将其译为“犯行”也都很合适,而译为“案件”听起来就很奇怪了。为了保障同一个德文单词在不同场合下出现时尽可能被翻译成同一个中文概念，我让既可以被译为“案件”也可以被译为“犯行”的第16条中的“Tat”去迁就其他场合下我对“Tat”所进行的（没得选的）翻译。这样选择的另一个原因在于，德文中“Fall”这个名词也经常出现在刑法学的文献当中，而当“Fall”一词出现在教科书中时，它通常的意思是“案件”或“案例”。于是，为了避免中文译文中所出现的“案件”一词既可能对应德文中的“Fall”又可能对应德文中的“Tat”，我放弃将“Tat”译为“案件”。

此外，我之所以没有将“**Tatumstände**”译为“犯行情况”，而是译为“**犯行事实情况**”（多加了“事实”二字），一者是因为Umstände本身就可以被译为“事实情况”（这里所说的“情况”就是指“事实情况”，而不是指“法律情况”或“规范情况”），二者是为了——依据德国的立法者在该条文中所明确表达的意思——强调该认识错误的对象是“事实”而不是“规范”。

基于上述考虑，就第16条“Irrtum über Tatumstände”而言，在构词和含义上都精准对应德文原文的中文翻译应该是“对犯行事实情况的认识错误”。徐久生版的“事实错误”、何赖杰/林钰雄版的“构成要件错误”以及冯军版的“关于行为情况的错误”这三种说法，无论其表意是否正确，都属于对德文原文的改写，而不是忠实的字面翻译。具体而言，这三个译本的问题在于：

其一，将德文的“Irrtum”（“认识错误”）译为“错误”根本就是错误的。如果不是作为中国刑法人的“行话”而出现的话，没有人会认为“错误”是“认识错误”的意思。换个角度，如果要把中文里脱离语境的“错误”一词译回德文中去，恐怕没有人会首先想到“Irrtum”这个词，上述三位译者自己想必都会不假思索地将其译为“Fehler”。

其二，在错误地将“Irrtum”译为“错误”之外，何赖杰/林钰雄版还将德文“Tatumstände”译为“构成要件”。这是一个更为严重的误译——假如译者真的是在用“构成要件”来翻译“Tatumstände”这个德文词的话。当然，对这一翻译更符合译者初衷的解读恐怕是：当何赖杰/林钰雄版第16条的译者将该条规定的名称译作“构成要件错误”时，他根本没有在翻译德文《刑法典》中那个被德国立法者称为“Irrtum über Tatumstände”的法条名称，而是在用德国刑法教条学以及中文语境里的刑法学专有名词来给这个条款重新命名。

在德国刑法教科书中，有的作者喜欢用“**Tatbestandsirrtum**”[①]（“**犯行构成认识错误**”或谓“**构成要件认识错误**”——其实，严格说来，“构成要件认识错误”也不是对“Tatbestandsirrtum”的精准翻译，因为“Tatbestand”虽然是我国刑法学中所说的“构成要件”的意思，但它在字面上并不完全对应“构成要件”这个中文词。作为一劳永逸的说明，后文中我会将“构成要件”与“犯行构成”作为同义词来使用，毕竟这个措辞上的细微差异对于我们理解德国刑法而言并没有实际影响，而“构成要件”这一概念在我国法律人群体中早已深入人心了）来称呼德国《刑法典》第16条所规

① 例如，Jescheck/Weigend，Lehrbuch des Strafrechts，Allgemeiner Teil，5. Aufl. 1996，S. 307；Roxin，Strafrecht，Allgemeiner Teil，Band I，4. Aufl. 2006，§ 12 Rn. 95；Wessels/Beulke/Satzger，Strafrecht，Allgemeiner Teil，47. Aufl. 2017，Rn. 683。

定的这种认识错误，有的作者则更愿意忠实立法文本中的措辞而将这种认识错误称为“**Tatumstandsirrtum**”[①]（“**犯行事实情况认识错误**”）。由此可知，在德国刑法教条学中作为刑法学专有名词，“构成要件认识错误”这个说法的确是存在的，并且它可以被用来指代《刑法典》第16条所规定的认识错误。只不过，这个本应被翻译为“犯行构成认识错误”抑或“构成要件认识错误”的德国刑法学术语（“Tatbestandsirrtum”）在最初被译成中文时，译者——也许是为了说得更简洁、更像“行话”一些而——将其省略为“构成要件错误”了。换句话说，“构成要件错误”这一不恰当的叫法不是何赖杰/林钰雄版中负责翻译第16条的译者所发明的，而是其为了照顾中国刑法学者们的约定俗成而有意采纳的作为简称的中文行话。该译者在德国《刑法典》的中译本中为其第16条重新起的名字，就其在中文刑法世界中的法律含义而言，应该是没有问题的——但正如我在前文中所指出的，这一做法的性质是改写，而不是翻译。

其三，冯军版将认识错误的限定语——“über Tatumstände”——译为“关于行为情况的”，这个译法相对于上述其他两个译本而言的确是尽力忠实德文原文的。译者甚至连“über”（“关于”）这个介词都企图原模原样地反映在自己的中文译本之中，这样的态度当然值得称赞。只不过，在对于“Tatumstände”一词中“Tat”这一概念的理解上，该译本的译者犯了与其他译者相同的错误，也即将其狭隘地当作“Handlung”的同义词而译作“行为”。这个问

① 例如，Kühl，Strafrecht，Allgemeiner Teil，8. Aufl. 2017，§ 13 Rn. 7。

题对于德国《刑法典》的翻译而言具有很高的普遍性，我在本书后文中的其他问题上会对其展开详细的讨论，故在此按下不表。

（二）何为“对犯行事实情况的认识错误”?

只看德国《刑法典》第16条第1款第1句的前提条件部分，并且只看这个句子的主干（Wer einen Umstand nicht kennt），它的意思是“未认识到某个事实情况者”[我译文的最后一个“者”字，是指“……的人”，它是对德文原文中第一个单词“wer”（谁）的翻译——顺便提一下，德国立法者用德语表述犯行构成的基本套路是：“谁要是怎么怎么着了，就被处以什么什么样的刑罚”，对应到中文世界，我们更习惯于说“干了这个那个的，处以这样那样的刑罚”]。你看，德国立法者的立法用语其实无比通俗易懂，“对犯行事实情况的认识错误”在本质上就是行为人“没有认识到某个事实情况”——没别的了！至于这个他没有认识到的“事实情况”具备什么样的特征才会对他的刑事责任产生影响以及具体会产生什么样的影响，则分别是由该“事实情况”的定语从句（“der zum gesetzlichen Tatbestand gehört”）以及第16条第1款第1句的后半句（“handelt nicht vorsätzlich”）所决定的。

这个没有被行为人认识到的“事实情况”应该具备怎样的特征呢?作为该“事实情况”的定语从句，法条原文说“der zum gesetzlichen Tatbestand gehört”，意思是“它属于法定犯行构成”。行为人没有认识到的那个“事实情况”属于“法定犯行构成”——这是什么意思呢?确切地说，它属于哪个法定犯行构成呢?这里，我们在比较自然的中文表达中难免甚至注定会遗漏一些关于冠词的信息（包括我自己对第 16 条第 1 款的翻译），而在德文的法条原文中，不定冠词和定冠词的使用常常暗含一些重要的信息。

结合第 16 条第 1 款第 1 句话主句中的另一个信息“bei Begehung der Tat”（“在实施该犯行时”“在实施这个犯行时”）可知，立法者在主句中已经通过“犯行”前面的定冠词“该”或谓“这个”，将主句中所说的“犯行”与从句中出现的“zum gesetzlichen Tatbestand”（“该法定犯行构成”“这个法定犯行构成”）对应起来了。换句话说，借助这个定冠词，立法者的意思在德文中是很明确的，即：

如果行为人——在实施我们现在正在讨论的这个犯行（比如故意杀人）时——没有认识到某一个事实情况，而这个事实情况恰恰属于这个（犯行的）法定犯行构成（比如故意杀人的法定犯行构成），那么（就故意杀人这个犯行而言）行为人的行动就不是故意的。

说得再具体一些，假定作为行为人的你没有认识到的事实情况是那个被你击中的对象是一个“活人”（你在扣动扳机时以为自己瞄准的是一头“驯鹿”），则针对该案例，德国《刑法典》第 16 条第 1 款第 1 句的意思就是：

如果你——在实施我们现在正在讨论的这个故意杀人罪时——没有认识到你的行为对象是一个活人，而“活人”恰恰属于这个故意杀人罪的法定犯行构成，那么（就故意杀人这个犯行而言）你的行动就不是故意的。

总而言之，如果在翻译时不嫌啰唆，而将德文原文中的不定冠词与定冠词统统在中文译文中反映出来并且允许自己做一点超越德文原文字面表达的补充，则应该这样来翻译德国《刑法典》第 16 条第 1 款第 1 句的文本：

在实施某犯行时未认识到某个属于该犯行之法定犯行构成的事实情况者，其行动不是故意的。

（三）“对犯行事实情况的认识错误”会产生怎样的法律效果?

搞清楚了德国《刑法典》第 16 条第 1 款所规定的认识错误到底是什么内容（这就是法律人所说的“对犯行事实情况的认识错误”的法定构成要件），我们再来看看德国的立法者为这种认识错误规定的法律效果（法律后果）是什么。在“handelt nicht vorsätzlich”这一表达中，“vorsätzlich”是一个副词，意思是“故意地”，而“nicht”是一个否定词，意思是“不”或“不是”。很显然，“nicht vorsätzlich”的意思是“不是故意地”。对译者而言，疑问——如果存在的话——本来只可能是怎样翻译“handelt”这个动词。

1. 其他中译本对“handeln”一词的回避

（1）徐久生版

① 语法问题

徐久生版把这后半句话（“handelt nicht vorsätzlich”）整体译

为"不认为是故意犯罪"，无疑又是在改写——而不是翻译——德国立法者的话。该法条的德文原文中既没有提到"故意犯罪"，也没有提到"认为"，说"不认为是故意犯罪"不仅抛弃了德文原文的内容，而且即使承认"不认为是……"这个句式属于中国《刑法》的立法用语习惯，这个"中国习惯"落实在徐久生版对德国《刑法典》第16条第1款第1句的中文译文中，也很难被认为是恰当的。

> **我国《刑法》第12条第1款**
>
> 中华人民共和国成立以后本法施行以前的行为，如果当时的法律不认为是犯罪的，适用当时的法律；如果当时的法律认为是犯罪的，依照本法总则第四章第八节的规定应当追诉的，按照当时的法律追究刑事责任，但是如果本法不认为是犯罪或者处刑较轻的，适用本法。
>
> **我国《刑法》第13条**
>
> 一切危害国家主权、领土完整和安全，分裂国家、颠覆人民民主专政的政权和推翻社会主义制度，破坏社会秩序和经济秩序，侵犯国有财产或者劳动群众集体所有的财产，侵犯公民私人所有的财产，侵犯公民的人身权利、民主权利和其他权利，以及其他危害社会的行为，依照法律应当受刑罚处罚的，都是犯罪，但是情节显著轻微危害不大的，不认为是犯罪。

我国《刑法》中一共有三处"不认为是"这个措辞。其中，前两处出现在《刑法》第12条第1款中，最后一处出现在《刑法》

第13条中。仔细阅读这两个地地道道的中国法条可知，第12条第1款中的两处“不认为是”的主语分别是“当时的法律”和“本法”，第13条中那一处“不认为是”的主语是“情节显著轻微危害不大的”。

回头来看徐久生版对“不认为是”的使用方式，其译文为：

“行为人行为时对法定构成要件缺乏认识，不认为是故意犯罪”。

这句话对“不认为是”的用法完全不同于我国《刑法》第12条第1款中对“不认为是”的用法。在我国《刑法》第12条第1款中，该句语法结构上的主语（“当时的法律”或“本法”）在实质意思上也同时是作出是非判断的那个主体。换句话说，是“当时的法律”（或“本法”）在认为“认为”这个词后面所陈述的事实。与之相反，在徐久生版的德国《刑法典》第16条第1款第1句中，作为该句语法结构上的主语的那个成分（“行为人行为时对法定构成要件缺乏认识”）在实质意思上并不是作出是非判断的那个主体——实际上，做判断的那个主体（德国《刑法典》的立法者）在这个中译本的表达中被省略掉了［此外，毋庸置疑的是，作者肯定也不希望我们将其译文理解为“行为人（自己）不认为（他这种情况）是故意犯罪”］。

那么，“行为人行为时对法定构成要件缺乏认识，不认为是故意犯罪”这个译文对“不认为是”这一表达的运用方式是否与中国的立法者在我国《刑法》第13条中对“不认为是”的用法相同呢？答案是：基本相同。

我国《刑法》第 13 条由两部分组成，前一部分定义了什么是“犯罪”（“一切危害国家主权、领土完整和安全，分裂国家、颠覆人民民主专政的政权和推翻社会主义制度，破坏社会秩序和经济秩序，侵犯国有财产或者劳动群众集体所有的财产，侵犯公民私人所有的财产，侵犯公民的人身权利、民主权利和其他权利，以及其他危害社会的行为，依照法律应当受刑罚处罚的，都是犯罪”），后一部分定义了什么不是“犯罪”［“但是情节显著轻微危害不大的（前述危害社会的行为），不认为是犯罪”］。如果在徐久生版的译文“行为人行为时对法定构成要件缺乏认识，不认为是故意犯罪”中的逗号前加上一个“的”字，也即写成“行为人行为时对法定构成要件缺乏认识的，不认为是故意犯罪”，则从形式上看，它就符合我国《刑法》第 13 条对“不认为是”这个立法用语的使用方法。另言之，这个译文就可以被认为是采用了我国刑事立法中的一个既有的表达方式（请注意：这个表达方式在我国现行《刑法》中一共只出现过一次）。但问题是，这个表达方式本身在语法上是莫名其妙的。要么某个东西（包括某个名词性的成分或某个以“的”字结尾的对构成要件的具体表述）“被认为是”这样或那样的，要么“不认为是”这个动词的前面得出现一个作为进行这一是非判断之主体的主语。我国的立法者在《刑法》第 13 条中用“不认为是”所造出来的这个句子，既不是被动句，又缺乏主语，对现代汉语来说是文理不通的。因此，徐久生版对它的继承和采纳，本身并不可取。

② 刑法问题

（ⅰ）德国刑法中有许多关于“犯罪”的词汇，但就是没有“犯罪”这个词！

说完了语法、语文的问题，我们再来看使用这个别扭的表达方式所翻译出来的德国立法在法律专业层面可能产生什么样的问题。

在德国刑法的专业用语中，其实并不存在一个在字面上能够完全对应中文里“犯罪”一词的概念。德国《刑法典》里规定的都是有关“Straftat”（“可罚犯行”“可罚的案子”“可罚的事儿”）或谓“Tat”（“犯行”）的处理规则。

脱离刑法学语境，译者们在德译汉时会自然而然地将“Verbrechen”这个词译为“犯罪”。这个译法作为对日常用语的翻译是没有问题的——针对 Verbrechen 一词，《杜登德语大辞典》有以下两个解释：

第一，“schwere Straftat”（“严重的可罚犯行”）；

第二，“verwerfliche，verantwortungslose Handlung”（“可谴责的、不负责任的行为”）。

其中，后一个解释是 Verbrechen 的引申义、象征义，它的用法如“这样的天分居然被埋没了，简直是 Verbrechen！”将这句话中的“Verbrechen”译为“犯罪”显然是恰当的——中文读者不仅能够理解这里的引申义，而且自己也在这样使用“犯罪”一词（如“浪费粮食是一种犯罪”“浪费别人的时间无异于犯罪”）。

前一个解释是 Verbrechen 的本义，它与我们在此要讨论的话题直接相关。《杜登德语大辞典》说“Verbrechen是严重的Straftat”，这首先可以表明，在德国人的思维中“Verbrechen”和“Straftat”不是同一个概念——字典里一般不会用同一个概念的不同说法来相互定义对方（你不能用“漂亮”来定义“美丽”、不能用“老师”来定义“教师”）。《杜登德语大辞典》对“Verbrechen”所做的解释，在定性的层面上，完全符合德国《刑法典》以及德国刑法学对“Verbrechen”的定义。

德国《刑法典》第12条第1款规定：

“Verbrechen sind rechtswidrige Taten，die im Mindestmaß mit Freiheitsstrafe von einem Jahr oder darüber bedroht sind.”

它的意思是：

“Verbrechen是最低被以一年或更高的自由刑相威胁的违法犯行。”

换个说法：

“至少应当被处以一年自由刑的犯行就是Verbrechen。”

现在，问题来了：在德国的刑事立法以及德国刑法学的语境中，把“Verbrechen”译为“犯罪”还合适吗？毋庸置疑，在中文刑法语境中，凡是可能被处以刑罚处罚的都是“犯罪”。整部中国《刑法》都是有关于这个意义上的“犯罪”的法律规定。如果把德国刑法中的“Verbrechen”一词译为“犯罪”，就意味着德国刑法里有一部分被立法者配置了更低刑罚的罪名（这种更轻的罪名在德国《刑法典》中被称为“Vergehen”）——从定义上讲——不属于“犯罪”，而这样的理解在中文刑法学的话语体系中是讲不通的。

于是，一个可能的正解是："Verbrechen"（最低罚一年以上的那些犯行）和"Vergehen"（有可能被处以低于一年之刑罚的那些犯行）都是我们中国刑法学和中文日常用语中所说的"犯罪"——鉴于其在德国刑法上的技术性内涵（这两个概念的区分完全取决于立法者为其分别配置的刑罚幅度），前者可以被叫作"重罪"，后者可以被叫作"轻罪"。在这样进行翻译时，我们根本就不考虑作为德语日常用语的"Verbrechen"和"Vergehen"到底更接近于中文日常用语里的哪个表达（例如，去考虑到底应该用"犯罪""违法""犯错"等这些听起来恶劣程度有别的概念中的哪一个来对应"Verbrechen"、哪一个来对应"Vergehen"）。换句话说，在刑法的语境中，我们没法直译作为"Straftat"之下位概念的"Verbrechen"和"Vergehen"，尽管我们可以直译作为上位概念的"Straftat"（"可罚犯行"）本身。

通过以上令人精疲力尽的解释，我们可以得出一个阶段性的结论：

关于"犯罪"（我是指应当或可以被处以刑罚的"事儿"），德文的刑法语境中一共只有四个概念，它们分别是重罪（Verbrechen）、轻罪（Vergehen）、可罚犯行（Straftat）以及犯行（Tat）。"犯罪"这个语文上的构词，在德语中是根本不存在的。当中文译者在有关德国刑法学的文献中使用"犯罪"一词时，在大部分情况下他们指的是德语中的"Straftat"或"Tat"。这种译法尽管在中国刑法学界已属约定俗成，但其实质并不是一个忠实于德文原文的翻译，而是一个从实质含义上看没有毛病的术语替代。

后文中，你将会进一步认识到，这种以术语替代为表现形式的意译对于中国人理解德国刑法而言，将会或说是已经造成了什么样的负面影响。

（ⅱ）中文译本要慎用“犯罪”一词

正如上一小节提到的，德国《刑法典》里规定的都是有关“Straftat”（“可罚犯行”）和“Tat”（“犯行”）的处理规则。在德国立法者的用语体系中，如果有人实施了一个 Tat，并且《刑法典》里存在一个描述该 Tat 的法律规定，则依据这个法律规定中所包含的如何处理实施该 Tat 之人的那部分内容（该部分内容具体而言就是：应该或可以对实施该 Tat 之人处以怎样的刑罚），那个实施了该 Tat 的人就面临被施以“Strafe”（“刑罚”）的威胁。其中，实施“Tat”（“犯行”）的人叫作“Täter”（“行为人”），描述该犯行之特征的那部分法律规定叫作“Tatbestand”（“**犯行的构成**”——在此说明一次：中文刑法学术语中的“**构成要件**”一词严格来说是对德语“Tatbestand”的学术术语对应，而不是准确的翻译，因为如果我把中文“构成要件”一词忠实地译回德文中去，则应该是“notwendige Voraussetzung des Bestandes”，而不会是“Tatbestand”）。

简言之，在德国立法者用以认知和描述世界的概念体系中，一个人如果实施了符合某个 Tatbestand 所描述之 Tat 的 Tat（这种被刑事立法所描述了的并且配之以刑罚处罚的 Tat 就是 Straftat），那么他就可能面临 Strafe（你可以把本段话中的所有德文单词换成上一自然段中所出现的它们的中文直译，然后再次考虑括号前这句话的意思是否足够清晰和有意义）。

有一桩具体的“犯行”，有事先存在于立法中的“犯行的构成”，如果前者可以对应后者（这个“对应”就是法官适用法律时所做的所谓“涵摄”活动），则会引发由后者所在的那条法律所规定的“刑罚”。案件事实—法律规定—法律适用—处理办法，刑法要做的就这么些事儿。在德国《刑法典》的话语体系中，根本不需要“犯罪”这个概念，一切都是大白话，一切都简单明了。

即使看懂了以上有关德语立法用语的逻辑，你也许还是会对刑法里通篇不提“犯罪”这一事实感到震惊。没关系，这只是因为你还不习惯德国人这种精准而朴实的表达方式，还沉浸在我国刑法学者移植苏联刑法时所创造的话语体系之中。其实，那种话语体系也是当时的中文译者们对苏联刑法进行加工创造的结果，因而严格来说恐怕也同样算不上是原汁原味的俄语刑法话语体系。《刑法典》里通篇不提“犯罪”这个概念其实不影响法律适用者去判断什么是犯罪。在一个承认并遵守罪刑法定原则的司法环境中，“什么是犯罪”“是否成立犯罪”永远不是可以脱离具体案件、具体罪名来加以讨论的问题（相应地，刑法学者们就“什么是犯罪”“犯罪的本质”这样的问题所进行的学术“灌水”其实解决不了任何实际问题）。换句话说，“一桩案件中某个人所实施的某个抑或某些特定的行为是否成立犯罪”根本不是一个可以直接回答的问题。法律适用者能够直接回答的，只是诸如“某个行为是否符合《刑法典》分则中某个罪名的法定犯行构成（法定构成要件）”、“是否存在能够被用来对符合法定犯行构成的所作所为进行正当化的法律规定”或是“是否存在能够被用来为具体案件中实施了违法行为的那个人进行无罪辩护的其他法律规定”这样的问题。当法律适用者尝试回答这些具体问题、专业问题时，“是否成立犯罪”（“犯罪”的概念）这个笼统而抽象的命题已经被技术性地分解其中了——直到案件分析结束，他们也不会再专门处理这个命题，而这也正是司法专业化的一个体现。

③ 译本用语不统一的问题

尽管同一个德文单词在不同场合中可能会有不同的实质含义（从而可能会对应不同的中文翻译），但是，当同一个德文单词在不同场合中表示了同一个含义时，作为中文译文，在这些不同场合中翻译这同一个德文单词时，就有必要使用同一个中文概念。如果不遵守这个原则，就会出现下面这样的情况（第一组）：

德国《刑法典》第 1 条中出现的“Tat”，徐久生版将其译为“**行为**”；

德国《刑法典》第 3 条中出现的“Taten”（“Taten”是“Tat”的复数形式），徐久生版将其译为“**犯罪行为**”；

德国《刑法典》第 4 条中出现的“Taten”，徐久生版将其译为“**犯罪行为**”；

德国《刑法典》第 25 条第 1 款中出现的“Straftat”，徐久生版将其译为“**犯罪**”；

德国《刑法典》第 26 条中出现的“Tat”，徐久生版将其译为“**行为**”；

德国《刑法典》第 11 章的标题中出现的“Straftaten”，徐久生版将其译为“**犯罪**”。

以及这样的情况（第二组）：

> 德国《刑法典》第30条第1款中出现的“Verbrechen”，徐久生版将其译为“**重罪**”；
>
> 德国《刑法典》第89条c第1款序号1中出现的“Verbrechen”，徐久生版将其译为“**犯罪**”；
>
> 德国《刑法典》第138条的罪名名称中出现的“Straftaten”，徐久生版将其译为“**犯罪**”，该条第1款序号5中出现的“Verbrechen”，徐久生版也将其译为“**犯罪**”，而该条第1款序号6中出现的“Verbrechen”在徐久生版的译文中被省略掉了；
>
> 德国《刑法典》第241条中出现的“Verbrechen”，徐久生版将其译为“**重罪**”。

针对上述第一组情况，“行为”、“犯罪”与“犯罪行为”在中文语境中显然不是同一个概念，因此，在翻译德文时，针对同一个德文词，不可以用这几个中文概念相互替代。最起码，在译者自己的用语体系中——无论他对某个单词的翻译本身是否准确——当一个同时包含了“Strafe”和“Tat”两个概念的复合词“Straftat”被译为“犯罪”这两个字时，作为其组成部分的“Tat”无论如何都不应该被翻译为字数更多的“犯罪行为”了。

针对上述第二组情况，译者没能做到自始至终使用同一个中文概念来翻译“Verbrechen”，而德国《刑法典》的立法者对“Verbrechen”一词的使用却是一以贯之的，它的意思永远是“重罪”，正如立法者在第12条第1款中所定义的那样。这种译文内部用语不统一的情况，对于中文读者来说是十分不公平的。作为一个只能阅读中文的人，当你看到“重罪”的字眼时，由于德国《刑法典》第12条第1款对它进行过定义，你知道它是“犯罪”的一种（具体而言，它属于至少处罚一年以上自由刑的那种“犯罪”）。但是，当你在《刑法典》第138条第1款序号5中看到“犯罪”的字眼时，却无从知晓这里的“犯罪”在德文版中其实是“重罪”（“Verbrechen”）那个词。尤其是当你手中的中译本在该条第1款序号6中省略掉“重罪”这一限定时，你根本不知道自己错过了什么信息（该法条德文原文中位于被明示列举出来的两组法条之间、作为插入语的“jeweils soweit es sich um Verbrechen handelt”被译者整体省略掉了）。立法者在这里所提到的后一组法条在《刑法典》第138条第1款序号6中的适用范围仅限于其中涉及“重罪”的情况，而不是——像徐久生版的译文所表达的那样——这组法条所规定的所有情况。

④ 结论

将“handelt nicht vorsätzlich”译为“不认为是故意犯罪”，既丢掉了原文中的核心动词“handelt”，又无中生有地添上了原文中根本不存在的“故意犯罪”这一概念以及“不认为是”这个说法，是一个僭越译者本分的发挥，而在译文中改写、总结、阐释、美化自己所要翻译的对象文本并不是译者该做的事儿。

（2）何赖杰 / 林钰雄版

何赖杰 / 林钰雄版将“handelt nicht vorsätzlich”译为“无故意”也不是一个忠实德文原文的翻译，只不过这个翻译在中文的刑法学用语中不会造成误解，也不会增添麻烦罢了。将作为副词的“vorsätzlich”改写为作为名词的“故意”，然后不去琢磨德文原文说“不是故意地”怎么着了，而是干脆说“无故意”，你能说它译错了吗?

2. 怎么翻译“handeln”一词?

先来看一下《杜登德语大辞典》中对“handeln”这个动词所做的两个相关的解释。

第一，“aufgrund eines Entschlusses tätig werden”［“由于某项决心（或谓决意）而动起来”］或“bewusst etwas tun”（“有意识地做某事”）。

第二，“sich in einer bestimmten Weise verhalten”（“以某种特定的方式而言行举止”或谓“以某种特定的方式而行动”）。

就以上两个解释的实质含义而言，在中文里无论是用“行动”、“行为”还是“作为”（我是指“所作所为”，而非“不作为”的反义词）来译“handeln”都没错。问题是，尽管“行动”在中文里可以做动词使用，如“他终于行动了”，但是“行为”和“作为”在中文里根本不会被作为动词而加以使用。我们从来不会说“他行为”（一般现在时）、“他行为了”（完成时）或“他即将行为”（将来时）这样的话，而只会把“行为”当作名词来使用，如“他的行为不是故意的”。同样地，我们也不习惯把“作为”（所作所为）当作动词来使用，而只会把它当作名词来使用，如“他的所作所为不是故意的”“这个人很有作为”。确切地说，“行动”这个貌似可以作动词使用的概念在实践中其实也极少能被当作动词来造出不别扭的句子，如“他没有故意地行动”或“他行动得没有故意”（或如同冯军版的译文那样“[他]不是故意地行动”）、“他违法地行动”或“他行动得违法”在中文里都是很奇怪的说法。所以，“行动”“行为”“所作所为”这三个德译汉时的选项，都没法同时做到在用法上也精准地代替德文中作为不及物动词的“handeln”。三者中择其一而翻译“handeln”时，我们只有把这个中文对应物当作名词来造句才能够造出听起来像人话的句子。

鉴于中德两种语言之间所存在的这种转换限制，我只好将动词“handelt”妥协为名词、将副词“vorsätzlich”妥协为形容词，从而将“handelt nicht vorsätzlich”退而求其次地译为“其行动不是故意的”。至少，在中文的表达能力范围内，我保留了德文中的核心词“handelt”，也没有丢掉德文原文对“handelt”所做的具体限制。

二、与过失犯何干？

（一）德国《刑法典》第 16 条第 1 款第 2 句应该怎么译？

以上是德国《刑法典》第 16 条第 1 款第 1 句的翻译问题，接下来我们考虑第 16 条第 1 款第 2 句的翻译。

在“Die Strafbarkeit wegen fahrlässiger Begehung bleibt unberührt”这句话中,“Strafbarkeit”的意思是“可罚性”,“wegen”的意思是“因为”“由于”,“fahrlässiger Begehung”的意思是“过失的实施”,“bleibt”的意思是“保持”“仍旧”,“unberührt”的意思是“不受影响的”。

机械地替换掉德文原文中的每个德文单词,我们会得到这样一句中文:

“因为过失的实施的(那个)可罚性仍旧不受影响”。

为了让这个句子中的不同成分在中文里也能被辨识出来(起码得让读者能够认出哪几个汉字连在一起组成一个独立的名词概念),同时让它更像中国话一点儿,我们可以把它改为:

“因**过失的实施**而产生的**可罚性**不受影响”。

这个翻译最大限度地忠实了德文原文的表达方式,并且对于中国法律人来说,其实质内涵是明确且有意义的——德国的立法者在《刑法典》第16条第1款第1句后面加上这个第2句,是为了强调:

“《刑法典》第16条第1款第1句是否可以被适用于某个具体案件并引发排除故意的法律效果”这一问题与“同一案件事实是否可能因为符合《刑法典》中其他有关过失犯的规定而具有可罚性”这一问题是无关的。

换句话说:

你以某个故意犯的犯行构成为大前提来“分析”某个犯行事实时,无论在所谓的“构成要件故意”这个问题上得出什么样的结论，都不影响你之后再以某个过失犯的犯行构成为大前提去“分析”同一个案件。

（二）德国《刑法典》第 16 条第 1 款第 2 句不应该怎么译？

1. 何赖杰 / 林钰雄版

何赖杰 / 林钰雄版将“Die Strafbarkeit wegen fahrlässiger Begehung bleibt unberührt”这句话译为“该行为是否以过失论，不受影响”，在实质含义上是没有问题的。鉴于何赖杰 / 林钰雄版第 16 条第 1 款第 1 句的中译本中出现了“行为时”的字眼，其第 2 句中的“该行为”自然就是指第 1 句中所说的那个“行为”。这样一来，译者准确地表达了德国立法者在第 2 句中所要传递的关键信息，同一个事实、犯行或谓行为，其是否可以被判定为故意为之（是否以故意论），并不影响其是否可以被判定为过失为之（“是否以过失论”）。如果我们完全不在意德文原文的表达方式，而只在意中文译文的达意、行文简练甚至老到、古雅，那么何赖杰 / 林钰雄版的译文就是最棒的。

抛开这里所讨论的《刑法典》第 16 条的翻译，说一个在翻译中具有普遍性的问题。有时德文原文中的那个具体的表达方式对中文翻译的达意与否没有影响，有时却可能影响到中文译文的实质内涵。当其能够影响到译文是否达意时，译者就只能按照德文的那个表达方式来造中文的句子。

这意味着，在翻译那些自身表达方式并不影响译文达意问题的德文文本时，译者可以选择不丢掉德文原文的表达方式，也可以选择丢掉德文原文的表达方式；而在翻译那些自身表达方式能够直接影响译文达意与否的德文文本时，译者就没得选，而只能按照德文原文的表达方式来造中文的句子。既然如此，为了保持译文自身表达方式的统一，在任何情况下都选择在译文中保留德文原文的表达方式（当然，前提是中文里存在相应的可能性）就显然是一个更为稳妥的做法——如果不是唯一可行的做法的话。

2. 徐久生版

再来看徐久生版对德国《刑法典》第16条第1款的完整翻译：

“行为人行为时对法定构成要件缺乏认识，不认为是故意犯罪，但要对其过失犯罪予以处罚。”

首先，德国《刑法典》第16条第1款的德文原文中共有两句话，而不是一句话。上述译文将本款的两句话揉在一起，写成了一句话。无论其内容是否符合德文原文所要表达的意思，这个做法本身对于德国法条文本的翻译而言都是很成问题的。原因在于，德国法律人在援引法条时会精确到哪一条哪一款哪一句（有需要的话还会精确到哪一句话的前半句还是后半句），并且，教科书也好，论文专著也罢，作者不会在自己的行文中抄写法条原文，而只会指出他所谈论的话题涉及哪个法条（哪条、哪款、哪句、哪个序号）——德国人认为翻阅法条是读者自己的任务。为了方便，刑法教科书中既不会抄写任何一个法条的内容，在援引法条时作者也不会专门指出他所依据的是“德国《刑法典》”这部法律，而只会在需要援引法条的地方写一个括号，里面直接写上“第 x 条第 y 款第 z 句”。

假设你在阅读某部《德国刑法教科书》的中译本，当教科书中提到“第 16 条第 1 款第 2 句”时，你在——比如手头这本徐久生版的——德国《刑法典》中却根本找不到第 16 条第 1 款第 2 句，是不是很糟糕的体验？

其次，我们来看徐久生版对德国《刑法典》第 16 条第 1 款（德文原文中的）第 2 句的译文本身：

“……但要对其过失犯罪予以处罚。”

其中，对“过失犯罪”一词的无中生有与译者对《刑法典》第 16 条第 1 款第 1 句中“故意犯罪”所做的事情如出一辙——德国的立法者在德文原文中根本没有提到“过失犯罪”的概念。此外，“但要对其过失犯罪予以处罚”这个说法很容易将读者误导到一个常见的错误思维定式中去：同一个行为，不能被认定为故意犯罪的话，就（不仅）可以、（而且）必须被认定为过失犯罪。事实上，针对一个具体案件中的行为，就算“不认为是故意犯罪”，也不一定“要对其过失犯罪予以处罚”。对于“行为人行为时对法定构成要件缺乏认识”这种情况而言，完全存在既不成立任何故意犯罪，也不成立任何过失犯罪的情况。

在徐久生版这个译文中，“但要对其过失犯罪予以处罚”作为一个法条文本，从内容上看是完全不可思议的。它假定了（该译本的）前半句中那个不成立故意犯罪的行为人肯定成立过失犯罪，从而在此基础上提醒司法者不要忘了去判那个人的过失犯罪（“但要对其过失犯罪予以处罚”）。如果译者自己并不认为他的译文是我以上所阐述的意思，那么他至少应该在其译文中“过失犯罪”这四个字的前面加上“可能的”这三个字或“可能成立的”这五个字，否则，我对他的“曲解”就不是没有理由的。

当然了，即便对其译文进行上述修改，也即改为：

“……但要对其可能成立的过失犯罪予以处罚。”

这个版本的译文也仍然没有呈现出或谓曲解了德国立法者在德文原文中想要表达的姿态。在德国《刑法典》第16条第1款第2句中，立法者想提醒司法者的是一个事实或道理的存在（对过失犯所进行的审查与对故意犯所进行的审查是两件独立的事情，二者互不影响），立法者根本没有想要借此提醒或督促司法者去做任何事情（如“别忘了审查过失犯呦”）。事实上，即使删除德国《刑法典》第16条第1款中的第2句话，对今天的德国法律人而言，也根本不会造成任何影响——这句话中所强调的道理不仅不言自明，而且早已深入人心了。

第3题

句子结构与条款格式的取舍

——以买卖人口为例

§ 232 Menschenhandel

（1）Mit Freiheitsstrafe von sechs Monaten bis zu fünf Jahren wird bestraft，wer eine andere Person unter Ausnutzung ihrer persönlichen oder wirtschaftlichen Zwangslage oder ihrer Hilflosigkeit，die mit dem Aufenthalt in einem fremden Land verbunden ist，oder wer eine andere Person unter einundzwanzig Jahren anwirbt，befördert，weitergibt，beherbergt oder aufnimmt，wenn

1. diese Person ausgebeutet werden soll
   a）bei der Ausübung der Prostitution oder bei der Vornahme sexueller Handlungen an oder vor dem Täter oder einer dritten Person oder bei der Duldung sexueller Handlungen an sich selbst durch den Täter oder eine dritte Person,
   b）durch eine Beschäftigung,
   c）bei der Ausübung der Bettelei oder
   d）bei der Begehung von mit Strafe bedrohten Handlungen durch diese Person,
2. diese Person in Sklaverei，Leibeigenschaft，Schuldknechtschaft oder in Verhältnissen，die dem entsprechen oder ähneln，gehalten werden soll oder
3. dieser Person rechtswidrig ein Organ entnommen werden soll.

Ausbeutung durch eine Beschäftigung im Sinne des Satzes 1 Nummer 1 Buchstabe b liegt vor, wenn die Beschäftigung aus rücksichtslosem Gewinnstreben zu Arbeitsbedingungen erfolgt, die in einem auffälligen Missverhältnis zu den Arbeitsbedingungen solcher Arbeitnehmer stehen, welche der gleichen oder einer vergleichbaren Beschäftigung nachgehen (ausbeuterische Beschäftigung).

(2) Mit Freiheitsstrafe von sechs Monaten bis zu zehn Jahren wird bestraft, wer eine andere Person, die in der in Absatz 1 Satz 1 Nummer 1 bis 3 bezeichneten Weise ausgebeutet werden soll,

1. mit Gewalt, durch Drohung mit einem empfindlichen Übel oder durch List anwirbt, befördert, weitergibt, beherbergt oder aufnimmt oder
2. entführt oder sich ihrer bemächtigt oder ihrer Bemächtigung durch eine dritte Person Vorschub leistet.

(3) In den Fällen des Absatzes 1 ist auf Freiheitsstrafe von sechs Monaten bis zu zehn Jahren zu erkennen, wenn

1. das Opfer zur Zeit der Tat unter achtzehn Jahren alt ist,
2. der Täter das Opfer bei der Tat körperlich schwer misshandelt oder durch die Tat oder eine während der Tat begangene Handlung wenigstens leichtfertig in die Gefahr des Todes oder einer schweren Gesundheitsschädigung bringt oder

3. der Täter gewerbsmäßig handelt oder als Mitglied einer Bande，die sich zur fortgesetzten Begehung solcher Taten verbunden hat.

In den Fällen des Absatzes 2 ist auf Freiheitsstrafe von einem Jahr bis zu zehn Jahren zu erkennen，wenn einer der in Satz 1 Nummer 1 bis 3 bezeichneten Umstände vorliegt.

（4）In den Fällen der Absätze 1，2 und 3 Satz 1 ist der Versuch strafbar.

刘宗路版

第232条　买卖人口

（1）利用他人个人或经济上的困境或是利用他人因置身外国而陷入的无助抑或在他人不满二十一周岁的情况下对其招募、运送、转手、提供住宿或接收者，若该他人

1. 将基于

a）实施卖淫，或者对行为人、在行为人面前抑或对第三人、在第三人面前实施性行为，或者容忍行为人或第三人对自己实施性行为，

b）工作，

c）实施乞讨或是

d）由该他人所实施的被刑罚相威胁的行为

而被予以剥削，

2. 将置身于奴隶关系、人身依附关系、因无力偿还债务而产生的奴役关系或是其他与此相当抑或与之接近的境遇或是

3. 将被非法地摘除器官，

处六个月至五年的自由刑。若某项工作的进行是为了肆无忌惮的逐利且其作业条件相对于从事同种或具有可比性之工作的劳动者所享有的作业条件而言显著失衡（剥削性质的工作），则存在通过第 1 句序号 1 字母 b 意义上的工作所进行的剥削。

（2）若某人将会被以第 1 款第 1 句序号 1 至序号 3 所列出的方式而加以剥削，则对其

1. 借助暴力、通过以严重的弊端相威胁或通过诡计而招募、运送、转手、提供住宿或接收或是

2. 劫持、控制或为第三人对其所实施的控制提供方便

者，处六个月至十年的自由刑。

（3）若在第 1 款的案件中

1. 被害人在犯行发生之时不满十八周岁，

2. 行为人在该犯行中对被害人在身体上进行了严重的虐待或者通过该犯行或该犯行进行中所实施的某个行为至少轻率地使被害人陷入死亡危险或严重的健康损害危险或者

3. 行为人的行动是职业性的或行为人是作为反复实施此类犯行之团伙的成员而为之，

则应当判处六个月至十年的自由刑。若在第2款的案件中出现了第1句序号1至序号3所列之情况，则应当判处一年至十年的自由刑。
（4）在第1款、第2款以及第3款第1句的案件中尝试是可罚的。

一、德文原文的条款格式与句子结构

（一）条款格式

德国的刑事立法中存在不少结构十分复杂的条文，其造句与排版方式对于中国的法律人来说是完全陌生的。以《刑法典》第232条为例，其第1款在“款”［德文原文中的“（1）”对应的是我们中文法条中的“第1款”］这一层级之下又出现了再分层的现象。具体而言，也即“款”以下出现了一层数字序号（“1.”“2.”“3.”），而数字序号“1.”的内部又出现了字母序号［“a）”“b）”“c）”“d）”］。

如同我在上一题中已经提到的［详见第2题 二、（二）2.］，既然德国人在援引法条时会精确到哪一条哪一款哪一句，那么对于法律人而言，搞清楚上述格式上的层级划分与德文行文中的“句”“段”划分之间是怎样一种关系就非常重要了。这种关系，一言以蔽之，就是互不影响。例如，在第232条第1款的德文原文中，从第一个单词“Mit”到数字序号“3.”后面跟的那部分内容的末尾所出现的德文句号（注意：在德文中句号的写法是“.”，而不是“。”）是该款的第1句话。即使不懂德语，只要仔细观察德文文本，你也可以看出，该条第1款从开始到第一个句号之前的整个文本中（共123个德文单词）只出现过逗号（注意：德文逗号与中文逗号写法一样，都是“,”；此外，德文中没有中文里的顿号，其逗号同时也承担顿号的功能）。这意味着，即使删掉用来分层的所有数字序号以及字母序号并且在格式上完全不换行，也不会影响这个由123个单词所组成的句子的完整与通顺，它完全可以被写成如下的很普通的一句话的样子：

Mit Freiheitsstrafe von sechs Monaten bis zu fünf Jahren wird bestraft, wer eine andere Person unter Ausnutzung ihrer persönlichen oder wirtschaftlichen Zwangslage oder ihrer Hilflosigkeit, die mit dem Aufenthalt in einem fremden Land verbunden ist, oder wer eine andere Person unter einundzwanzig Jahren anwirbt, befördert, weitergibt, beherbergt oder aufnimmt, wenn diese Person bei der Ausübung der Prostitution oder bei der Vornahme sexueller Handlungen an oder vor dem Täter oder einer dritten Person oder bei der Duldung sexueller Handlungen an sich selbst durch den Täter oder eine dritte Person, durch eine Beschäftigung, bei der Ausübung der Bettelei oder bei der Begehung von mit Strafe bedrohten Handlungen durch diese Person, ausgebeutet werden soll, diese Person in Sklaverei, Leibeigenschaft, Schuldknechtschaft oder in Verhältnissen, die dem entsprechen oder ähneln, gehalten werden soll oder dieser Person rechtswidrig ein Organ entnommen werden soll.

只不过，在去掉那些立法技术上的排版操作之后，呈现在你面前的这句话——即使对德国人而言也——会非常难读。难读在，句子太长，语法与意义结构都过于复杂，需要读者自己去划分、拆解其中被层层嵌套起来的语法结构，从而准确理解这句话的实质含义。当然，细心的德文读者在经过一番热烈烧脑之后，最终还是能够理解上一段中这句未经加工排版的话到底是什么意思的。

经过这样的对比，你就理解德国的立法者为什么喜欢在法条中加序号（第一层用阿拉伯数字来标记，第二层用德文字母来标记）分行分层了。准确地说，他们不是“喜欢”这样做，而是为了方便读者的阅读理解而“不得不”这样做。作为结论，关于德国《刑法典》的条款格式你只需要记住：在德国《刑法典》的任何一个给定条款中，加序号与否、分行与否、分层与否，都不影响一个语法上或谓句子结构上的事实，也即只有句号的出现才代表一句话的结束，一个完整的句子无论被怎样加以排版，其排版都只是为了在视觉上让读者更容易分清楚句子的语法结构进而理解其作为法律规范的实质内涵的。

（二）句子结构

如前所述，在视觉上多次分层的立法排版是由复杂的句子结构所决定的，而复杂的句子结构当然是由句子所要表达的丰富内涵所决定的。因此，你不能怪德国人写这么长的句子，不写这么长、这么复杂，就说不了那么精确、那么完整，而精确完整地描述可罚犯行之构成要件是刑事立法者遵守罪刑法定原则的刚需。

仍然以德国《刑法典》第232条为例，这个条款所规定的罪名叫作“Menschenhandel”（“买卖人口”）。其中，“Menschen”是“人”的意思，“Handel”是“买卖”“贸易”的意思。徐久生版将“Menschenhandel”添油加醋地译为“为性剥削目的之人口贩卖”实在是大错特错。一者，该犯行的德文名称中确实没有“为性剥削目的”的字样，这个限定语完全是译者自己的创作。二者，该条款所规定的犯行就其实质内容而言也并不限于“为性剥削目的”所进行的“人口贩卖”——作为该条款中所规定的“人口贩卖”，其目的还至少包括了在劳动或谓工作（第232条第1款第1句序号1字母b）、在实施乞讨（第232条第1款第1句序号1字母c）、在奴隶关系（第232条第1款第1句序号2选项1）、人身依附关系（第232条第1款第1句序号2选项2）、因无力偿还债务而产生的奴役关系（第232条第1款第1句序号2选项3）以及在非法摘除器官（第232条第1款第1句序号3）等场合中所进行的剥削。因此，将该犯行的名称“Menschenhandel”译为“为性剥削目的之人口贩卖”就实质内容而言无疑是对该条款的不当命名。当然，我在此额外指出徐久生版这一错误，同时也是为了通过以上对该条款中所提到的各种“剥削场合”的列举而为读者示范德国人在行文中是如何精确援引法条的（条—款—句—序号—字母）。

回到正题上来，既然德国的立法者在所谓“贩卖人口”这类内容复杂的规定中使用了句子长度很长、相应语法结构非常复杂的表达，我们在将其译为中文时，是否应当保留其句子构造，从而至少在分句（这主要对应句子内在的语法结构）与分层（这主要对应条款格式或谓视觉上的排版布局）两个方面都展现出德文原文的基本面貌呢？我的回答是：是的，只要中文里有这个可能性——确切地说，只要中文这种语言本身有能力这样遣词造句，我们就应该这么干。把这个一般性的问题落实在对德国《刑法典》第232条第1款第1句的翻译中，我给出的答案是：中文可以这么干，所以应当这么干，而我也的确这么干了。

先看照搬德文原文之条款格式的中文译文：

刘宗路版

第232条第1款第1句

（1）利用他人个人或经济上的困境或是利用他人因置身外国而陷入的无助抑或在他人不满二十一周岁的情况下对其招募、运送、转手、提供住宿或接收者，若该他人

1. 将基于

a）实施卖淫，或者对行为人、在行为人面前抑或对第三人、在第三人面前实施性行为，或者容忍行为人或第三人对自己实施性行为，

b）工作，

c）实施乞讨或是

d）由该他人所实施的被刑罚相威胁的行为

而被予以剥削，

> 2. 将置身于奴隶关系、人身依附关系、因无力偿还债务而产生的奴役关系或是其他与此相当抑或与之接近的境遇或是
>
> 3. 将被非法地摘除器官，
>
> 处六个月至五年的自由刑。

作为对该译文忠实呈现德文原文句子结构的一个检测，将我对该条第1款第1句话的上述翻译去掉其作为法条的排版布局——就像前文我对该句的德文原文所做的那样——我们会得到下面这样一句（以正常格式进行书写的）话：

> 刘宗路版
>
> **第232条第1款第1句**
>
> 利用他人个人或经济上的困境或是利用他人因置身外国而陷入的无助抑或在他人不满二十一周岁的情况下对其招募、运送、转手、提供住宿或接收者，若该他人将基于**实施卖淫**，或者对行为人、在行为人面前抑或对第三人、在第三人面前实施性行为，或者容忍行为人或第三人对自己实施性行为，**工作**，**实施乞讨**或是**由该他人所实施的被刑罚相威胁的行为**而被予以剥削，将置身于奴隶关系、人身依附关系、因无力偿还债务而产生的奴役关系或是其他与此相当抑或与之接近的境遇或是将被非法地摘除器官，处六个月至五年的自由刑。

这个去掉排版的完整句子，不仅在中文里是一个句子，而且它是一个语法通顺的句子。只不过，没有条款格式中的序号与分

层的话，你有可能读不出来4处加粗在实质内涵上的并列关系，也即“基于”这一介词后面实际上是并列跟着被加粗的4个宾语的（基于**实施卖淫**［……］，基于**工作**，基于**实施乞讨**或是基于**由该他人所实施的被刑罚相威胁的行为**）。当然，正是由于我的译文中本身保留了德文原文作为法条条款的格式，我才可以更加简洁地把“基于”一词提到前头只让它出现一次。假如必须把这个句子写成上面这个框里的版式，我当然会在那并列的4个宾语前面分别写上“基于”二字，从而使读者无论如何都能够准确理解该句中译本的语法结构以及实质内涵。

二、法条文本的确切含义

（一）“买卖人口”的人到底干了什么？

1. 正解

依据德国《刑法典》第232条第1款第1句的规定，买卖人口的人（在此，为了叙述方便我姑且不准确地称之为“人贩子”）所干的事情是对“被害人”实施以下几个具体行为，也即“anwerben”（“招募”），“befördern”（“运送”），“weitergeben”（“转手”），“beherbergen”（“提供住宿”）或“aufnehmen”（“接收”）。

《刑法典》第232条第1款第1句（不包括量刑部分的）德文原文的句子主干是：

"wer eine andere Person...anwirbt，befördert，weitergibt，beherbergt oder aufnimmt"。

完全直译并且保留其语法结构的话，这句德文对应的中文说法是：

"谁要是招募、运送、转手、提供住宿或接收另一个人"。

再调整一下，让它更符合中文这几个动词的用法，可以把这句话写成：

"谁要是对另一个人进行招募、运送、转手、提供住宿或接收"。

你在该句法条中所看到的无比复杂的德文原文文本，其中90%以上的篇幅都是在描述这个作为被害人的"另一个人"所具有的特征，而被害人的特征与行为人的具体行为举止其实没啥关系，用作为被害人的"另一个人"来充当这些行为举止的宾语就可以了。由此可知，"人贩子到底干了什么"这一问题的答案，就是上一段话中的23个汉字抑或与之对应的德文原文中的10个德文单词。

2. 误解

（1）徐久生版

先来看徐久生版对德国《刑法典》第232条第1款第1句所做的翻译（下述引文完整保留了该版本译文的格式——也即它的排版、分行、空格与序号写法）。

徐久生版

第232条 （为性剥削目的之人口贩卖）

1. 利用他人人身的或经济的困境或身处国外的无助状态，或招募、运送、转手、容留或接收不满21岁者为下列行为之一的，处6个月以上5年以下自由刑：

（1）对其加以剥削

a. 在从事卖淫或为性行为时，或在行为人或第三人面前为性行为，或让其与行为人或第三人为性行为，

b. 通过工作，

c. 在乞讨时，或

d. 在实施应当受刑罚处罚的行为时

（2）使其成为奴隶、农奴、债奴或类似关系之人，或

（3）违法摘取其器官。

① 作为立法技术的“项”

首先，该译文并没有保留德文原文的表达方式，它不是一句一通到底的话，而是仿照我国《刑法》立法中的写法，用一个相对简单但完整的句子描述某犯行的部分构成要件，同时在对该部分构成要件的表述中加上诸如“有下列情形之一的”（如我国《刑法》第236条第2款、第240条第1款），“实施下列行为之一……的”（如我国《刑法》第226条）这样的字眼，并以冒号结束该完整的简单句，在冒号之后另起一行以“项”［我国立法者习惯用“（一）”“（二）”“（三）”这样的序号来表示所谓的“项”］这一条

款格式来逐条分别表述剩余的构成要件组成部分。这些剩余的构成要件组成部分被分配到若干“项”下，其中，每一“项”的内部在语法上都是一个独立而完整的句子。

第二百四十条第一款 【拐卖妇女、儿童罪】拐卖妇女、儿童的，处五年以上十年以下有期徒刑，并处罚金；有下列情形之一的，处十年以上有期徒刑或者无期徒刑，并处罚金或者没收财产；情节特别严重的，处死刑，并处没收财产： （一）拐卖妇女、儿童集团的首要分子； （二）拐卖妇女、儿童三人以上的； （三）奸淫被拐卖的妇女的； （四）诱骗、强迫被拐卖的妇女卖淫或者将被拐卖的妇女卖给他人迫使其卖淫的； （五）以出卖为目的，使用暴力、胁迫或者麻醉方法绑架妇女、儿童的； （六）以出卖为目的，偷盗婴幼儿的； （七）造成被拐卖的妇女、儿童或者其亲属重伤、死亡或者其他严重后果的； （八）将妇女、儿童卖往境外的。

这种立法模式的好处在于立法者不需要造很复杂的句子。以我国《刑法》第 240 条第 1 款为例，其中“项”以外的部分，行文非常简单明了。这个拐卖妇女、儿童罪的基本犯行构成就是“拐卖妇女、儿童的”，其相应的刑罚为“处五年以上十年以下有期徒

刑，并处罚金”。其加重构成共有两种，第一种是“拐卖妇女、儿童……有下列情形之一的”，其相应的刑罚为“处十年以上有期徒刑或者无期徒刑，并处罚金或者没收财产”；第二种是“拐卖妇女、儿童……情节特别严重的”，其相应的刑罚为“处死刑，并处没收财产”。此处，牵扯到“项”的是上述第一种加重构成，也即“拐卖妇女、儿童……有下列情形之一的”。“项”中所列的八种部分犯行构成可以任取其一而与“拐卖妇女、儿童……有下列情形之一的”搭配起来作为审查案件的大前提而被加以适用。例如：

“拐卖妇女、儿童，若拐卖妇女、儿童三人以上的”（这是第2项的完整构成要件）；

“拐卖妇女、儿童，若奸淫被拐卖的妇女的”（这是第3项的完整构成要件）；

“拐卖妇女、儿童，若以出卖为目的，使用暴力、胁迫或者麻醉方法绑架妇女、儿童的”（这是第5项的完整构成要件）。

当然，如果我们要把我国立法模式中的“项”分别与其所在条款的主干搭配起来，需要在行文上稍做调整，以使句子表意更为合理（尤其是减少重复的措辞），仍然以上述我国《刑法》第240条第1款之第2、3、5项为例，去掉立法上的排版后，它们应该被写为：

“拐卖妇女、儿童三人以上的”（这是第2项的完整构成要件）；

“拐卖妇女、儿童，若奸淫被拐卖的妇女的”（这是第3项的完整构成要件）；

“拐卖妇女、儿童，若以出卖为目的，使用暴力、胁迫或者麻醉方法绑架妇女、儿童的”（这是第 5 项的完整构成要件）。

② 对“项”这一立法技术的错误运用

至此，我向你介绍了我国《刑法》的立法者是如何通过引进“项”这一条款格式（立法技术）来简化对内容复杂的犯罪构成要件所进行的文字表述的。现在，我们来考虑徐久生版对德国《刑法典》第 232 条第 1 款第 1 句所做的翻译是否正确运用了我国立法模式中的“项”。

就“项”出现之前的部分——也即所谓“贩卖人口”这一犯行的基本构成要件——而言，该中译本的句子主干是：

“利用……无助状态，或招募、运送、转手、容留或接收不满 21 岁者为下列行为之一的”。

对一个刑法人来说，借助文义解释便知，这个构成要件包括两类独立的实行行为，第一类实行行为是“利用……无助状态的”，第二类实行行为是“招募、运送、转手、容留或接收不满 21 岁者为下列行为之一的”。当然，你也可以把这里所说的第一类实行行为理解为“利用……无助状态为下列行为之一的”，而这种解读上的模棱两可说明，在徐久生版的译文中，“为下列行为之一的”这一部分与它前面的话之间的关系不够明确，而这本身就是该译文的硬伤。

这里，我们只考虑第二类实行行为，因为——按照我在上一段中对徐久生版译文的解读——只有在对第二类实行行为的表述中译者使用了“项”这一立法技术。那么，依据该版的译文，就第二类实行行为而言，“贩卖人口”的人到底干了什么呢？

以第232条第1款第1句第1项b为例，译者说“招募、运送、转手、容留或接收不满21岁者为下列行为之一的”，意思显然是“招募、运送、转手、容留或接收不满21岁者去做下列行为中的任意一种的”——这里的所谓“下列行为”要么是“（1）”中所描述的行为，要么是“（2）”中所描述的行为，要么是“（3）”中所描述的行为。第232条第1款第1句第1项b指的就是“（1）”中所描述的——被“b.”中描述的内容所限定的——行为，也即：

“招募、运送、转手、容留或接收不满21岁者去通过工作而对其加以剥削”。

再以第232条第1款第1句第3项为例，既然译者说“招募、运送、转手、容留或接收不满21岁者为下列行为之一的”，那么我们只需要用“（3）”中所描述的行为来替换主句中的“下列行为之一的”，就可以得到：

“招募、运送、转手、容留或接收不满21岁者去违法摘取其器官”。

无论针对第232条第1款第1句第1项b所规定的“招募、运送、转手、容留或接收不满21岁者去通过工作而对其加以剥削”，还是针对第232条第1款第1句第3项所规定的“招募、运送、转手、容留或接收不满21岁者去违法摘取其器官”，你都不可能不抱有一个困惑，这两种具体犯行中的“其”到底指的是谁？

对于第232条第1款第1句第1项b而言，这个“其”是“招募、运送、转手、容留或接收不满21岁者”的人自己吗？换句话说，难道立法者的意思是行为人招募、运送、转手、容留或接收一个不满21岁的人去通过工作而对行为人自己加以剥削的，对行为人处6个月以上5年以下自由刑？同理，对于第232条第1款第1句第3项而言，难道立法者的意思是行为人招募、运送、转手、容留或接收一个不满21岁的人去违法摘取该行为人自己的器官的，对行为人处6个月以上5年以下自由刑？

而假如这两个具体犯行中的“其”并不是指行为人自己，那又是指哪一位呢？难道是指被“招募、运送、转手、容留或接收”的“不满21岁者”？果真如此，第232条第1款第1句第1项b的意思就变成了：

行为人招募、运送、转手、容留或接收一个不满21岁的人去通过工作而对这个不满21岁的人加以剥削的，对行为人处6个月以上5年以下自由刑。

同理，第232条第1款第1句第3项的意思就变成了：

行为人招募、运送、转手、容留或接收一个不满21岁的人去违法摘取这个不满21岁的人自己的器官的，对行为人处6个月以上5年以下自由刑。

即使不知道德国《刑法典》第232条第1款第1句的德文原文所规定的构成要件到底是什么（“贩卖人口”的人究竟干了什么德国的立法者才认为他实施了“贩卖人口”这一犯行），只看徐久生版的译文，你也会从实质内涵上质疑这个法条所描述的犯行——除了译文中的“其”字表意不明外，无论你如何理解这个“其”字所指代的内容，该犯行的构成要件都显得不符合常识：它看起来根本不像立法者想要处罚的犯行，甚至它根本不像现实生活中的“人贩子”能实际干出来的事儿。作为中文读者，在阅读该版译文时，你不仅一定能够意识到这一点，而且，在意识到这一点之后，除了怀疑自己的领悟力或是怀疑德国立法者的奇葩想象力以外，你只有干瞪眼的份儿。

真相是：你在徐久生版的《德国刑法典》中所读到的德国《刑法典》第 232 条第 1 款第 1 句的中文译文是对该法条德文原文的严重曲解——译者完全错误理解了该法条的德文原文。

③ 错在哪里？

再来看一遍我的中译本：

> 刘宗路版
>
> **第 232 条第 1 款第 1 句**
>
> （1）利用他人个人或经济上的困境或是利用他人因置身外国而陷入的无助抑或在他人不满二十一周岁的情况下对其招募、运送、转手、提供住宿或接收者，若该他人
>
> 1. 将基于
>
> a）实施卖淫，或者对行为人、在行为人面前抑或对第三人、在第三人面前实施性行为，或者容忍行为人或第三人对自己实施性行为，
>
> b）工作，
>
> c）实施乞讨或是

> d）由该他人所实施的被刑罚相威胁的行为
> 而被予以剥削，
> 2. 将置身于奴隶关系、人身依附关系、因无力偿还债务而产生的奴役关系或是其他与此相当抑或与之接近的境遇或是
> 3. 将被非法地摘除器官，
>
> 处六个月至五年的自由刑。

德国《刑法典》第232条第1款第1句中并没有规定两种实行行为，而只规定了一种实行行为。行为人（“人贩子”）的行为对象是“他人”，实行行为是“招募、运送、转手、提供住宿或接收”。在一个具体案件中，该实行行为的实际开展要么是“利用［作为行为对象的］他人个人或经济上的困境”，要么是“利用［作为行为对象的］他人因置身外国而陷入的无助”，要么无须“利用”行为对象的任何具体处境而只需存在一个客观事实，即“［作为行为对象的］他人不满二十一周岁”。以上三种有关行为对象的限定，只要满足其中一种即可。这是对上述我自己的中译本中序号“1.”之前的部分所进行的解析。

从序号“1.”开始，出现了分层现象，序号“1.”“2.”“3.”是第一层，字母“a)”“b)”“c)”是第二层。就第一层数字序号而言，其中每一个序号对应的实质内容都是对作为（实行）行为对象的“他人”所应当具有的特征的描述。就序号“1.”而言，其内部的分层，也即第二层中每个字母序号对应的实质内容都是对“该他人”在序号1这一类情况中将“被予以剥削”的具体

场合的列举。

整个第232条第1款第1句中所出现的每一处“他人”、“该他人”以及“其”都是指同一个人，即被行为人所“招募、运送、转手、提供住宿或接收”的（笼统地说，也就是被“贩卖”的）那个被害人。

如果你觉得我的译文很好懂，德国《刑法典》第232条第1款第1句的含义并没有它看起来那么复杂，那么我只能说：这个条款的德文原文与我的中文译文一样简单明了——或者我应该说自己的译文与德文原文一样简单明了。

结论是：为什么不老老实实地按照德国人的写法来翻译，而非要自己重新立法呢？

（2）何赖杰/林钰雄版

徐久生版之所以在实质内容上译错了，关键在于其译文中“为下列行为之一的”这一表达并不是对作为我国立法者惯用立法技术的“项”之提示语的正确运用。奇妙的是，针对同一个德国法条，何赖杰/林钰雄版的翻译也犯了一个与徐久生版一模一样的错误，该译本对德国《刑法典》第232条第1款第1句的翻译如下：

何赖杰/林钰雄版（译者：李圣杰）

第232条 【人口贩运罪】

（1）利用他人个人或经济困境，或处于国外之无助状态，或利用他人未满二十一岁，运送、转移、留置、收容为下列行为之一者，处六月以上五年以下有期徒刑：

1. 剥削他人为下列事项： a）从事性交易或实施性行为，或使其对自己或第三人、在自己或第三人面前、让自己或第三人对其为性行为， b）从事劳动， c）实施乞讨行为， d）使其实施将受刑事处罚的行为。 2. 使该人为奴隶、农奴、卖身抵债或处于类似奴隶的地位， 3. 不法摘除他人器官。

除了“为下列行为之一者”“为下列事项”这样的用语在句子中的作用及其与该句主句中其他动词之间的关系含混不清之外，何赖杰 / 林钰雄版的译文还有其他两个明显的硬伤。

第一个硬伤是，译者漏掉了作为实行行为之一的“anwerben”（“招募”）。读者数一数就知道了，在我的译文中，“人贩子”的实行行为一共有 5 个，分别为“招募、运送、转手、提供住宿或接收”，而在徐久生版的译文中（就其第二类实行行为而言）也是 5 个，分别为“招募、运送、转手、容留或接收”。漏译一个动词，在法律效果上就意味着少罚一项犯行——这并不是一个小错误。

第二个硬伤是，针对行为对象不满 21 周岁的情况，译者自作主张地要求行为人“利用”对方不满 21 周岁这样一个事实（“利用他人未满二十一岁”），而德国的立法者在德文原文中并没有要求行为人“利用”被害人的年龄（eine andere Person unter

Ausnutzung ihres Alters），而只要求被害人的年龄不满21周岁（eine andere Person unter einundzwanzig Jahren）。对于适用法律规定做三段论这一活动而言，“存在一个特定事实”与“行为人利用这个特定事实”是两个内容不同的大前提。因此，这个误译也不仅仅是表达上的不恰当而已，它在实质上改变了德国现行《刑法典》中所谓“人口贩运罪”之犯罪构成要件的内容。

（二）“买卖人口”的人所进行的具体活动到底应该被叫作什么？

我在此要聚焦的问题是，作为“人贩子”的具体实行行为，德国《刑法典》第232条第1款第1句中的“anwerben”、“befördern”、“weitergeben”、“beherbergen”以及“aufnehmen”这5个动词究竟该怎么译。

1.“anwerben”与“befördern”

在《杜登德语大辞典》的举例中，可以与“anwerben”这个及物动词进行搭配的宾语有“Soldaten”（“战士”）、“Arbcitskräfte”（“劳动力”）、“Kunden”（“顾客”）、“Freiwillige”（“志愿者”）。在这些动宾搭配的例子中检验“anwerben”所对应的中文说法，将其译为“招募”显然是合适的。同理，将“befördern”译为“运送”也没有争议的空间。

2. “weitergeben”

徐久生版将“weitergeben”译为“转手”，而何赖杰/林钰雄版将其译为“转移”。由于中文里“转手”和“转移”是明显不同的两个概念，首先可以肯定，这两种翻译中一定有一种不合适。依据中文里的通常理解，把一个物品“转手”给他人不必在空间方位上对其进行“转移”，而把一个东西从此处“转移”至彼处当然也不意味着一定会发生“转手”的效果。

先抛开“weitergeben”不论，德文里其实存在其他能够完全对应中文“转手”和“转移”的动词，“转手”可以对应“übergeben”，“转移”可以对应“überführen”。前者的意思是“etwas，was einem gegeben，überreicht usw. worden ist，an einen anderen geben”（“把交给自己、颁发给自己的东西给另外一个人”），后者的意思是“（mithilfe eines Transportmittels）von einem Ort an einen anderen bringen”［“（借助运输工具）从一个地方带去另一个地方”］。

依据《杜登德语大辞典》的解释，“überführen”的同义词中有“befördern”，而“übergeben”的同义词中有“weitergeben”。既然在上一小节中我们没有争议地将“befördern”译为“运送”，而“befördern”是“überführen”的同义词且“überführen”是“转移”的意思，可以肯定，“转移”这个中文动词所对应的德文动词绝对不是“übergeben”（“转手”），从而也就不是它的同义词“weitergeben”（“转手”）了。

结论是，“weitergeben”应当翻译为“转手”而非“转移”。

从体系解释的层面上看，既然德国《刑法典》第232条第1款第1句中出现了“befördern”（“运送”）这一实行行为，与之并列的另一个实行行为“weitergeben”怎么着也不应该是“转移”的意思，因为“转移”要么包括了“运送”，要么与“运送”同义。立法者原则上不会在列举不同的行为模式时使用同义词去重复表达同一个行为模式。

最后，对于法条的译者来说，就算某个词的含义在语言层面上不够明确，任何德语词典都无法帮助你针对你译文的语境来确定一种可靠的译法，我们也仍然可以求助相关部门法的“法律评注”（这是一种名为“Kommentar”的工具书，专门对法条文本中出现的各种概念进行详细注解，它的篇幅动辄上千页并且是字小行密的上千页）。以德国《刑法典》第232条第1款第1句中所出现的这个“weitergeben”为例，Schönke/Schröder版的《刑法典评注》（这本书有3361页，以下简称《刑法典评注》）对它的解释是“Übergabe bzw. Übertragung einer Person，dh als Wechsel der Kontrolle über die Person”[①]（“将某人交付抑或将某人托付，也即交换对该人的控制”）。结合该条款的语境，“weitergeben”的宾语是“贩卖人口”这一犯行的被害人，而作为一个具体的实行行为，行为人对被贩卖的人所能够做的事情当中，在“anwerben”（“招募”）和“befördern”（“运送”）之外，“转手”相对于“转移”而言，显然是一项更为合理的操作。

① Eisele in Schönke/Schröder，Strafgesetzbuch，Kommentar，30 Aufl. 2019，§ 232 Rn. 24.

3.“beherbergen”和“aufnehmen”

最后，来看“人贩子”对被贩卖的人所可能实施的最后两个行为：“beherbergen”和“aufnehmen”。

（1）“beherbergen”

倒数第二个动词“beherbergen”被何赖杰/林钰雄版译为“留置”，被徐久生版译为“容留”，而我将其译为“提供住宿”。这三个中文概念两两之间的差异都不算小（看到“留置”我忍不住去想象被他人扣留下来的本属于我的某个值钱的物品，并且为自己没法兑现本属于该他人的民事权利而感到烦心；看到“容留”我则会想到一屋子吸毒的人），因此不存在它们之中的某两个能够同时精准对应“beherbergen”的情形。那么，三者之中唯一正确的译法是哪一个呢？

先来查字典——《杜登德语大辞典》中对“beherbergen”的解释是“als Gast bei sich aufnehmen；jemandem Unterkunft bieten”（“作为客人而接收到自己这里；给某人提供住宿”）。还嫌不够清楚？再来查法律工具书——《刑法典评注》对德国《刑法典》第232条第1款第1句中所出现的“beherbergen”一词给出的解释是“das tatsächliche Überlassen von Unterkunft jeder Art（Wohnung，Hotelzimmer，Wohnwagen）”[①] [“对任何形式的住宿（住宅、宾馆

① Eisele in Schönke/Schröder，Strafgesetzbuch，Kommentar，30 Aufl. 2019，§ 232 Rn. 25.

房间、房车）所进行的事实上的提供”]。

好了，德国《刑法典》里说“提供住宿”就是提供住宿而已，没有其他深意。翻译的时候，真的不用加戏。

（2）“aufnehmen”

最后一个动词“aufnehmen”在日常用语中意思颇多，《杜登德语大辞典》至少给出了它的 11 种含义。为了避免无谓的比较，我们直接来看《刑法典评注》对“aufnehmen”的解释：“die Empfangnahme des Opfers，auch an einem Zwischenort，etwa nach einer erfolgten Beförderung oder einer Weitergabe”（“对被害人的接收，也可以是在一个中转地，例如一次成功进行的运送或转手之后”）。其中，德文词“Empfangnahme”在这句话中被我译为“接收”，但如果对象是物，符合中文习惯的对应词则为“受领”。显然，在德文中，“Empfangnahme”的对象——就如同“aufnehmen”的对象一样——既可以是人，也可以是物。

依据《刑法典评注》的解释，将“aufnehmen”译为“接收”在实质含义上是肯定没有问题的。也就是说，徐久生版的译文是合适的。反之，何赖杰 / 林钰雄版将该动词译为“收容”，这其实是将一个德文中十分具体而简单的动作（接收）替换为中文里的一个由一系列单个行为（如接收、提供饮食、提供住宿、提供保护、提供教育）所组成的内容复杂的行为或谓活动（收容）。

想象一种情况：人贩子**甲**在火车站的出口将被贩卖的人（一名女子）“aufnehmen”后不到 5 分钟就交给了停靠在火车站外路边准备“aufnehmen”该被害人的人贩子**乙**——这正是德国《刑

法典》第 232 条第 1 款第 1 句所要处理的情况。请问，将以上这句话中的“aufnehmen”替换成“收容”能讲得通吗？在中文的用词习惯中，单凭与行为对象相处的时间这么短（只有 5 分钟），我们就不会说人贩子**甲**“收容”了行为对象（实际上，就中文的用词习惯而言，在住宿、照顾、保护或改造等服务中，行为人得对行为对象至少提供其中的一样，我们才可能使用“收容”这个词）。结论是：本段案情中的“aufnehmen”一词被替换为“接收”在中文里才讲得通，也即《刑法典》第 232 条第 1 款第 1 句里的“aufnehmen”应当被译为“接收”。

进一步地，将上一段中的案情延伸下去：人贩子**乙**在火车站的路边接收（aufnehmen）被害人后，打车将其运送（befördern）到乡下，转手（weitergebe）给人贩子**丙**。**丙**从**乙**这儿接收（aufnehmen）到被害人后，就让她住在自己的表弟**丁**的农舍中［这意味着，**丁**为被害人提供了住宿（beherbergen）］，并打算第二天就将该被害人送上一艘用于偷渡的轮船运往国外。假设该被害人被运往国外后将被强迫卖淫，并且被害人的宿命是上述所有甲、乙、丙、丁都在事前就知晓的。那么，依据德国《刑法典》第 232 条第 1 款第 1 句序号 1 字母 a，这四个人的行为都构成“买卖人口”。

三、一个有关中译本的事实

在翻译法条时，译文用词是否恰当、是否准确，最简单的检验标准就是用翻译好的法条去套具体的案情，把抽象的概念带入具体的情景中去，从司法者的角度感受作为译文的法律规定是否讲得通、是否合情理、是否周延进而是否好用。

就德国的刑事立法而言（其实也可以把“刑事”二字去掉），如果在阅读中文译本时感觉法条的内容有问题或是干脆看不懂法条的意思，那你作为中文读者首先要找译者算账——你可以也应当推定是翻译的问题，而不是德文文本自身的问题。在几乎所有情况下，这个推定都不会被推翻（就此而言，我自己的译文也不是什么例外）。此外，对其他德文文献（如法学教科书、法学专著、法学论文）的中译本而言，以上论断同样适用。

第4题

罪名名称：直译、意译还是重起？

——以“Nachstellung”为例

§ 238 Nachstellung

（1）Mit Freiheitsstrafe bis zu drei Jahren oder mit Geldstrafe wird bestraft，wer einer anderen Person in einer Weise unbefugt nachstellt，die geeignet ist，deren Lebensgestaltung schwerwiegend zu beeinträchtigen，indem er beharrlich

1. die räumliche Nähe dieser Person aufsucht，
2. unter Verwendung von Telekommunikationsmitteln oder sonstigen Mitteln der Kommunikation oder über Dritte Kontakt zu dieser Person herzustellen versucht，
3. unter missbräuchlicher Verwendung von personenbezogenen Daten dieser Person
   a）Bestellungen von Waren oder Dienstleistungen für sie aufgibt oder
   b）Dritte veranlasst，Kontakt mit ihr aufzunehmen，oder
4. diese Person mit der Verletzung von Leben，körperlicher Unversehrtheit，Gesundheit oder Freiheit ihrer selbst，eines ihrer Angehörigen oder einer anderen ihr nahestehenden Person bedroht oder
5. eine andere vergleichbare Handlung vornimmt.

（2）Auf Freiheitsstrafe von drei Monaten bis zu fünf Jahren ist zu erkennen，wenn der Täter das Opfer，einen Angehörigen des Opfers oder eine andere dem Opfer nahe stehende Person durch die

Tat in die Gefahr des Todes oder einer schweren Gesundheitsschädigung bringt.

（3）Verursacht der Täter durch die Tat den Tod des Opfers，eines Angehörigen des Opfers oder einer anderen dem Opfer nahe stehenden Person，so ist die Strafe Freiheitsstrafe von einem Jahr bis zu zehn Jahren.

（4）In den Fällen des Absatzes 1 wird die Tat nur auf Antrag verfolgt，es sei denn，dass die Strafverfolgungsbehörde wegen des besonderen öffentlichen Interesses an der Strafverfolgung ein Einschreiten von Amts wegen für geboten hält.

刘宗路版

第238条　纠缠不放

（1）无权地以一种足以对其正常生活产生严重负面影响的方式对他人纠缠不放者，若该纠缠不放的实现方式是行为人坚持不懈地

1. 在此人周围出现，
2. 使用电信通讯工具或其他通讯工具或通过第三人而尝试与此人建立联系，
3. 通过滥用此人的个人数据而

   a）为其订购货物或服务或是

   b）促使第三人与其建立联系，或是

> 4. 以侵害此人自己、此人的亲属或其他与此人亲近之人的生命、身体之完好无恙、健康或自由对此人相威胁或是
> 5. 实施其他具有可比性的行为，
>
> 处三年以下自由刑或罚金。
>
> （2）若行为人通过该犯行使被害人、被害人的亲属或其他与被害人亲近之人陷入死亡危险或严重的健康损害危险，则应当判处三个月至五年的自由刑。
>
> （3）若行为人通过该犯行导致被害人、被害人亲属或其他与被害人亲近之人的死亡，则其刑罚为一年至十年的自由刑。
>
> （4）在第1款的案件中该犯行仅得基于申请而被追诉，除非刑事追诉部门鉴于附着在该起刑事追诉之上的特殊公共利益、出于职务原因而认为主动干预是有必要的。

一、中文和德文的可译性

通过前几题中我对中德两种语言之间在单个动名词概念、短语的表达方式以及句子的语法结构上所进行的对比，你应该能够体会到一个关于中德两种语言的基本事实，即中文（至少就现代汉语而言）和德文之间具有高度的可译性。准确地说，就法律规范、法学教条所能够涉及的话题和表达方式而言，将德文译为中文原则上是可以做到准确甚至精确的。中文有能力准确反映德文使用者的表达习惯以及以此为基础的德国人的思维方式。

就某个给定的具体文本而言（如德国《刑法典》中的某个条款），德国人到底用了哪个动词（它是抽象的还是具象的、是泛泛的还是精确的、是通俗的还是文雅的），哪个名词，以及作为对这二者进行修饰与限定的哪个形容词或副词，他们到底从哪个角度锁定某个犯行的实行行为（如盗窃的核心就是“拿走”一个东西，《刑法典》第242条第1款；买卖人口的核心就是对某个人实施“招募”“运送”“转手”等行为，《刑法典》第232条第1款第1句），怎样描述某个能够使犯行构成要件不该当的事实情况（如所谓“事实认识错误”的本质就是行为人“没有认识到”某个事实情况，《刑法典》第16条第1款第1句），如何理解违法阻却事由与构成要件该当与否之间的关系（如正当防卫和紧急避险的本质仍然是“实施”了“一个犯行”，只不过行为人实施该犯行时正处于特定的客观处境之中并且是出于特定的目的而为之，《刑法典》第32条、第34条第1句）——这些德文原文中的方方面面其实都可以在中文译文中得到如实反映。换句话说，当译者在进行德译汉这一活动时，只要他所面对的德文文本是关于法律规则的，在绝大多数情况下他都有机会将自己的翻译做得像一面擦拭干净的玻璃一样，让中文读者能够透过这面玻璃看清德文世界里的景象。

以上是基本事实、是原则。既然是原则，就会有例外，毕竟这是两种不同的语言。是语言，就承载着文化，而文化总是意味着具体时空中实实在在的生活。德国人和中国人的生活环境、饮食起居、人际往来、所思所想是很不一样的，尽管这种差异在过去半个世纪中一直在急剧缩小。

想象一下：两百年前中国人的生活里尚未出现“Bier”这个东西，那时的我根本没法借助任何一个中文词汇来让你明白，当德国人说“Bier”时他们到底在说什么。不要说翻译了，就是解释都很难做到。因为，那时的你既没有喝过碳酸饮料，也没有见过“冰箱”，而我们日常饮用的酒水中也没有哪一款在味道和口感上是与之类似的。所以，作为一个译者，我只能向你解释——而不是翻译——“Bier”这个单词，比如：这是一种度数不及黄酒一半儿的低度酒，闻之无味，观之晶莹剔透，略显黄色，冰镇而饮，入口凉爽如深山老林之泉水，味有苦涩而不辣喉舌，酒中气体充盈，自吞咽始散发，至酒水下肚，此中之气方逆食道而上，饮者不禁打嗝……可是放在今天，由于我们的饮食文化中也有“Bier”这个东西并且现代汉语中存在一个专门用来指代它的名词，我可以直接用“啤酒”二字为你准确无误地翻译德语中的“Bier”。甚至，由于最近十来年中国的消费市场上普及了“黑啤酒”和“白啤酒”这两个对我们而言曾经十分罕见的啤酒种类，对于喝过的人来说，我只要用“白啤酒”三个字就不仅能让你理解德国人口中的“Weißbier”是什么，而且能让作为啤酒爱好者的你仅凭这三个中文字就吞咽一次口水。

同理，在地道的欧洲面包大举进入中国消费市场之前（这只是二十年前的事儿），我没法用“可颂”这个词来翻译“Croissant”并让你对自己将要吃到的面包品种作出准确的预期；在星巴克遍布中国各大城市之前，我也没法用“美式”来翻译“Americano”、用“意式浓缩”来翻译“Espresso”并保证你在喝上自己点的咖啡后既不会嫌它太苦也不会嫌它太淡。

对于吃的、喝的、用的东西而言，是否可译，完全取决于两种语言所在的文化中是否都有那个需要被翻译的概念所对应的“东西”（物品），而吃喝用度之外那些抽象的观念是否可译，仍然取决于目标语言与工具语言所属的两种文化中是否存在同一个意向。“虔诚”可以准确对应“fromm”，因为无论在信佛还是信上帝的人群中，都有坚定不移地按照其所信仰的教义来严格要求自身言行的人。“贞洁”可以准确对应“Keuschheit”，因为无论是儒家文化还是基督教文化，都曾经对女性在性道德方面提出过完全不同于男性的苛刻要求。“抢手货”可以准确对应“Schlager”，因为无论是把面条、米饭还是土豆、面包作为日常主食，人们都不可避免地生活在市场和交易之中，对于商品的被需求程度大家从来都有一套虽不相同但却相通的说法。“夸夸其谈”可以准确对应“schwadronieren”，“醉生梦死”可以准确对应“in Saus und Braus”，“勾引”可以准确对应“verführen”，“天意”可以准确对应“Vorsehung”……在抽象的观念中，无论是名词动词还是形容词副词，也无论是神圣高雅还是世俗低俗，只要两边都有相同的意向，就能准确翻译，而无须进行解释。

即使以最具地方特色与文化内涵的笑话为对象，其是否可译也完全遵循同样的原理。例如：

> 老哥俩在网球场的更衣室里换衣服。在其中一人脱下短袖时，另一位目瞪口呆地看着他，问：

> “嘿——你从什么时候开始穿胸罩了？！”
>
> 这位一边解开胸罩，一边无奈地回答：
>
> “从我老婆在抽屉里发现它开始……”

这是一个我从德国人那儿听来的笑话，现在用中文直译给你，如果你秒懂其中的笑点，那就说明中国男人和德国男人——至少是他们当中的一部分——在不忠、撒谎和狡猾这一点上是相通的。

再来看一个德国法律人的笑话：

> 庭审中，原告律师先发表了原告的观点，一番义正言辞的滔滔不绝之后，法官点头说，“您说的对”。
>
> 接下来，被告律师发表了被告的观点，同样是一通雄辩，法官听后点头说，“您说的也对”。
>
> 这时，旁听席上的一位老大爷忍不住了，他站起来不满地对法官说：“法官大人，原告和被告的观点是完全相反的，怎么可能双方说的都对呢？”法官听后，若有所思地迟疑片刻，然后回答道：“您说的也对！”

这个笑话显然也是可译的，只要使用两种相关语言的人分享了“法律人擅和稀泥”这一成见。

例子举不胜举，真相只有一个：翻译在客观上是否可能，关键取决于两种语言之间是否分享相同的意象。就德译汉而言，落实在法条文本、法律规则这类对象和话题上时，这种客观可能性原则上是具备的（“原则”的意思是“几乎总是”）。如果译者落实不了它，那么问题可以被推定为出在译者身上，而不是德国的立法者、法学家或是现代汉语身上。

二、德国《刑法典》第 238 条所规定的“Nachstellung”到底是个什么“罪”？

（一）厘清问题

就像我在第 3 题中对德国《刑法典》第 232 条第 1 款第 1 句所做的那样，我们先来找出德国《刑法典》第 238 条第 1 款的句子主干。在“Mit Freiheitsstrafe bis zu drei Jahren oder mit Geldstrafe wird bestraft，wer einer anderen Person in einer Weise unbefugt nachstellt，die geeignet ist，deren Lebensgestaltung schwerwiegend zu beeinträchtigen，indem er beharrlich...”这句话中（包括引号中省略掉的部分在内，该法条第 1 款一共只有一句话），行为人所做的事情，就其主干而言只不过是“wer einer anderen Person nachstellt”。

回忆一下我在前文中已经分析过的**盗窃**（第 1 题）与**买卖人口**（第 3 题）这两个犯行，其主干分别为：

Wer eine Sache einem anderen wegnimmt （从别人那里拿走一个物者）

> Wer eine andere Person anwirbt，befördert，weitergibt，beherbergt oder aufnimmt
>
> （对他人招募、运送、转手、提供住宿或接收者）

现在，为了弄明白这个名为“Nachstellung”的犯行到底是个什么“罪”，我们只需要翻译“nachstellen”这一个德文动词就够了。老规矩，不认识的动词先翻字典。《杜登德语大辞典》中对作为动词的“nachstellen”给出了5种释义，其中只有最后一种释义中所包括的两个具体含义与我们这里的语境有关，这两个含义分别为：

第一，“jemanden，ein Tier hartnäckig，mit List verfolgen，zu fangen，in seine Gewalt zu bekommen suchen”（“对一个人或动物坚定不移地通过诡计追踪，力图将其捕获，力图将其置于自己的控制之中”）。

第二，“hartnäckig，aufdringlich um jemanden werben”（“坚定不移、纠缠不休地追求某人”）。

其中，《杜登德语大辞典》就后一种含义给出的例句是“er stellt den Mädchen nach，die meist nichts von ihm wissen wollen”（“他所追求的女孩儿们大多不想知道他的存在”）。显然，这里的“nachstellen”具有“求偶”“求爱”意义上的“追求”之意。针对前一种含义，“nachstellen”可以对应中文里的“追踪”、“追逐”或“追捕”。

以上两种含义差异不小，《刑法典》第238条第1款句子主干中的核心动词到底应该被译为哪个中文概念，还得放在法条的语境中考虑。以我的译本为例，《刑法典》第238条第1款规定：

> **刘宗路版**
>
> 无权地以一种足以对其正常生活产生严重负面影响的方式对他人 nachstellen 者，若该 nachstellen 的实现方式是行为人坚持不懈地
>
> 1. 在此人周围出现，
> 2. 使用电信通讯工具或其他通讯工具或通过第三人而尝试与此人建立联系，
> 3. 通过滥用此人的个人数据而
>   a）为其订购货物或服务或是
>   b）促使第三人与其建立联系，或是
> 4. 以侵害此人自己、此人的亲属或其他与此人亲近之人的生命、身体之完好无恙、健康或自由对此人相威胁或是
> 5. 实施其他具有可比性的行为，
>
> 处三年以下自由刑或罚金。

从上述法条文本的字面含义可以看出，行为人所实施的核心行为虽然是“nachstellen”，但“nachstellen”一词实际上只是对行为人所干坏事儿的总结概括，它是对一系列具体行为方式的定性，而不涉及对其中任何一种具体行为方式所进行的描述。作为一个抽象的动词，“nachstellen”的具体表现方式被立法者列举

在“若该 nachstellen 的实现方式是行为人坚持不懈地”之后的文字中（序号 1 至序号 4 是五种具体的表现方式，序号 5 是一个兜底条款），并且这些具体表现方式分别都是主句中所说的“足以对其正常生活产生严重负面影响的方式”。换句话说，如果行为人干了序号 1 至序号 5 中所列举的坏事儿（之一），而这些坏事儿就案件的具体情况而言“足以”达到“对［被害人的］正常生活产生严重负面影响”的效果，那他就算是对被害人进行了“nachstellen”。

想象一下，作为行为人的我老是在被害人周围溜达，让被害人感到阴魂不散（序号 1）；给被害人的手机或办公室和家里的座机打电话（包括深更半夜）、向被害人发电子邮件、给他（或她）各种写信、微博留言、微信留言、朋友圈留言、语音视频呼叫（被删除好友后就不断地请求加好友）、找被害人的亲朋好友领导同事要求帮忙把他（或她）约出来、要求他们给被害人做思想工作答应见我、答应我的要求（序号 2）；搞到被害人的邮寄地址每天给人家寄玫瑰花，寄内容下流或恐怖的照片或画作，寄钟表，花圈，寿衣或其他让被害人看了不舒服、看了恶心、看了害怕的物件（序号 3）；威胁被害人再不理我就宰了他（或她）、就给他（或她）泼硫酸、就绑架他（或她）的家人（序号 4）。我这么没完没了地折腾被害人，可就是不碰他（或她）一根汗毛，更不真的动手伤害他（或她）或伤害该条款所列出的那些与他（或她）相关的人。实际上，只要被害人能做到在心理上对我视而不见，那么我对于他（或她）而言在物理上其实就约等于不存在——毕竟，我既没有对其行动自由造成任何实际限制，也没有实施任何能危害到其身体健康或性命的举动。

这样一个无赖对你的日常生活所能够造成的负面影响并不总是小于一个扇你两巴掌（身体伤害）、划花你的跑车（毁损物品）或是当众辱骂你（侮辱）的人。当“nachstellen”这样的事情发生在你身上时，尽管算不上身体伤害（罪）、毁损物品（罪）或侮辱（罪），你的深受其害却是实实在在的。仍然考虑我在前两段中让你想象的那些行为。在中国，我国《刑法》里的侮辱罪（第246条），强制猥亵、侮辱罪（第237条）管不了这个事儿，故意毁坏财物罪（第275条）管不了这个事儿，故意伤害罪（第234条）管不了这个事儿，敲诈勒索罪（第274条）管不了这个事儿，绑架罪（第239条）管不了这个事儿，非法拘禁罪（第238条）管不了这个事儿，就连作为“口袋罪”的寻衅滋事罪（第293条）也管不了这个事儿——事实上，我国现行《刑法》中的任何一条罪名可能都管不了这个事儿。相应地，迄今为止的中文刑法罪名或术语中并不存在任何一个可以对应“nachstellen”的词儿。在德国，能够大致对应上述中国罪名的所有其他犯行构成要件也都管不了这个事儿，除了《刑法典》第238条第1款所规定的这个“Nachstellung”。那么，这个在中国刑法的管辖范围内让人恨得咬牙切齿却又对之无能为力的行为到底可以被叫作什么呢（我是说，在中国人的日常用语中，老百姓可能会如何称呼它）？

（二）徐久生版："追求"（罪）

徐久生版
第238条 （追求） 1.以下列方式不懈地苦苦追求他人，致使该人的生活受到严重影响的，处3年以下自由刑或罚金刑： （1）近身探访， （2）使用电信手段或其他通信手段，或通过第三人与其建立联系， （3）滥用他人的个人数据， a.为其订购物品或服务，或 b.通过第三人与其建立联系，或 （4）以自杀、自残、损害自己或其亲近之人的健康或自由的方式对其进行威胁的，或 （5）为其他类似行为的。

徐久生版将"Nachstellung"译为"追求"，这是严重跑偏的，因为德国《刑法典》第238条第1款中行为人的所作所为并不一定是出于"爱"，而也完全可以是出于"恨"。他的目的不必然是赢得被害人（无论他企图赢得的是人家的"芳心"、"体谅"还是"臣服"），而也完全可以是为了打击、报复、折磨甚至毁掉被害人（读者只需想象该法条第2款、第3款所要处理的情况即可）。"追求"一词将这个犯行的外延严重地缩小了，而德国的刑事立法者借助

这个法条想要处理的对象远不只是因为爱情而鬼迷心窍的人。

（三）何赖杰 / 林钰雄版："跟踪罪""跟踪骚扰罪"

何赖杰 / 林钰雄版（译者：李圣杰）

第 238 条 【跟踪罪】（2017. 3. 1. 前旧法）

（1）无故跟踪他人，致严重影响他人日常生活，而有下列情形之一者，处三年以下有期徒刑或罚金：

1. 刺探他人私领域，
2. 企图透过电信、其他通讯手段与他人接触，
3. 滥用他人个人资讯订购商品或服务，或使第三人与其接触，
4. 恐吓危害他人或其亲近之人之生命、身体、自由，或
5. 其他类似行为。

何赖杰 / 林钰雄版针对该法条2017年3月1日之前的版本（"旧法"）和之后的版本（"新法"）分别采取了不同的译法。针对"旧法"，何赖杰 / 林钰雄版将该犯行称为"跟踪罪"，这是讲不通的。如前所述，该款序号 1 至序号 5 所列的具体行为方式必须能够被句子主干中的核心动词"nachstellen"所涵盖，而该版译文中序号 2 所描述的行为（"与他人接触"）并不在作为句子主干之"跟踪"的范畴之内。具体而言，"跟踪"某人不但不必"企图……与［该］他人接触"，而且"跟踪"这个活动大多是在被跟踪的人不知情的情况下进行的。此外，序号 4 中"恐吓危害他人……之生命、身

体、自由”就更加难以被理解为“跟踪”的具体表现方式了。结论是：该版译文为作为“旧法”的《刑法典》第238条所起的名字“跟踪罪”是不符合该法条所规定之犯行的实质内容的。

> 何赖杰/林钰雄版（译者：李圣杰）
>
> **第238条 【跟踪骚扰罪】（2017.3.1.后新法）**
>
> （1）无故反复实施下列一种行为方式，跟踪骚扰他人，足以严重影响他人日常生活者，处三年以下有期徒刑或罚金：
>
> 1. 接近被跟踪骚扰者所在之处所，
> 2. 企图透过电信、其他通讯手段或第三人与被跟踪骚扰者接触，
> 3. 滥用被跟踪骚扰者个人相关之资讯而为下列行为之一：
>   a）订购商品或服务，或
>   b）使第三人与被跟踪骚扰者接触，
> 4. 以加害被跟踪骚扰者本人、亲属或其亲近之人之生命、身体完整性、健康或自由之事，恐吓被跟踪骚扰者，或
> 5. 其他相类之行为。

对于作为“新法”的现行德国《刑法典》第238条，何赖杰/林钰雄版将其犯行名称改译为“跟踪骚扰罪”（仍然以此来对应“Nachstellung”一词）。加上“骚扰”二字显然是一个进步——“跟踪骚扰罪”听起来更像对前文中我所描绘的那个“无赖”之所作所为的概括总结了。但问题在于，作为犯行名称，我们既可以将“跟踪骚扰”理解为“一种以跟踪为具体实现方式的骚扰”，也

可以将其理解为“跟踪和骚扰”。做前一种理解的话，意味着这个罪的客观效果是骚扰被害人，“跟踪”是该罪的实行行为。这既不符合德文原文的意思，也不符合何赖杰 / 林钰雄版译文的法条文本内容。做后一种理解的话，则意味着该犯行构成要件所描述的是两个不同的相互并列的行为，它们的实现方式分别被列举在序号 1 至序号 5 中。这样一来，虽然单看何赖杰 / 林钰雄版的译文本身，似乎说得过去——序号中所列出的行为方式有的是“跟踪”的具体行为方式，有的是“骚扰”的具体行为方式。然而，这种理解却不符合德文原文的意思——德国的刑法人不会从德国《刑法典》第 238 条第 1 款中的“nachstellen”一词中解读出该罪具有两类相互独立的实行行为，无论它们是什么。

那么，作为对何赖杰 / 林钰雄版译文的“抢救”，是否可以干脆把“跟踪骚扰罪”中的“跟踪”二字去掉，同时把《刑法典》第 238 条第 1 款中每一处“跟踪骚扰”四字都替换为“骚扰”二字呢？我觉得“骚扰（罪）”倒是一个可行的译法。如果中国人在读到“骚扰”二字时能够对德国立法者所想要处置的这个犯行在大致方向和大致内容上产生比较靠谱的联想，那么称之为“骚扰”原则上就是恰当的——即使“骚扰”并不是对“Nachstellung”的准确翻译，而是对这个罪名的重新命名（能够准确对应中文“骚扰”一词的德文名词实际上是“Belästigung”）。叫“骚扰罪”，动机上适用于各种爱恨情仇，对象上适用于一切男女老少（谁当行为人、谁当被害人都可以），一条立法就能管住各种无赖举止——这至少可以算是一个成功的意译。

（四）我的翻译："纠缠不放"（罪）

对其他几位译者在翻译"nachstellen"（或"Nachstellung"）一词时所面临的处境，我当然是感同身受的——在德德词典、德汉词典对"nachstellen"所做的各种解释和翻译之中，作为我们平常所理解的罪名名称，似乎确实没有哪个是特别靠谱的。前文已经提到了，德德词典中对"nachstellen"有两个可能与本罪相关的解释：

第一，"jemanden，ein Tier hartnäckig，mit List verfolgen，zu fangen，in seine Gewalt zu bekommen suchen"（"对一个人或动物坚定不移地通过诡计追踪，力图将其捕获，力图将其置于自己的控制之中"）；

第二，"hartnäckig，aufdringlich um jemanden werben"（"坚定不移、纠缠不休地追求某人"）。

而德汉词典对"nachstellen"的中文翻译有两个，一个是"追踪"，另一个是"追逐"。其中，"追踪"能够对应上述德德词典的第一个解释（我们姑且将"跟踪"作为"追踪"的同义词来看待，从而认为"跟踪"也可以对应上述德德词典的第一个解释），而"追逐"能够对应上述德德词典的第二个解释（我们姑且将"追求"作为"追逐"的同义词来看待，从而认为"追求"可以对应上述德德词典的第二个解释）。另言之，要么是出于爱情而"追求"被害人，要么是出于任何动机而"追踪"或"跟踪"被害人。

作为德国《刑法典》法条文本的译者，要你在上一段中的两个中文翻译之间二选一时，你会怎么选呢？显然，徐久生版选择了“追求”，而何赖杰／林钰雄版选择了“跟踪”并在此基础上将其发扬光大为“跟踪骚扰”。

对此，我的态度是：不需要二选一，不需要跟着字典走。人是活的，字典是死的，并且是活人写的。只要你相信自己理解了德国人的意思，也认为自己了解中国人如何表达，那么，就这种“无赖”的所作所为而言，当德国人说“nachstellen”时，中国人就会将其称为“纠缠不放”。这不是意译，也不是给德国人的罪名重新起名字，而是一个（精准的）直译——只不过，现有的德汉词典中对“nachstellen”一词少列了一条“纠缠不放”而已。

三、德国《刑法典》第 238 条译文中的其他问题

（一）对“nachstellen”的法律评价：“unbefugt”

现在，我们把目光投向《刑法典》第 238 条第 1 款句子主干中的细节问题：

“wer einer anderen Person unbefugt nachstellt”（“无权地对他人纠缠不放”）。

在此，立法者明确地将行为人所实施的“nachstellen”（“纠缠不放”）这一行为限定为“unbefugt”。作为副词，“unbefugt”的意

思是“未经授权而发生”，为了表述得简洁一些而又不影响该副词的法律含义，我将其译为“无权地”。不满足“无权地”的情况很常见，如债权人在讨债时对债务人纠缠不放。又如，离异父母之一方在行使自己对孩子的探视权时遭到另一方的阻挠而纠缠不放。这两个行为的实施都算是“有权地”发生的（给行为人这个权利的是德国《民法典》）。在私法授权的情形之外，能够导致不满足“无权地”这一构成要件要素的当然还有公法上的授权——警察、刑事侦查机关、执行机关的执法行为都是不难想象的例子（狱警成天出现在作为囚犯的你的周围显然也是一种——符合该条款序号1所列行为方式的——对你的纠缠不放，只不过这种纠缠不放是“有权地”被加以实施的罢了）。

既然“unbefugt”是“纠缠不放”这一犯行的一个构成要件要素，那么如果具体案件中的行为人“有权地”实施了该条款序号1至序号5中所说的具体行为，则该行为人的所作所为由于不符合“unbefugt”这一要求而将被认定为不该当《刑法典》第238条第1款的构成要件。另言之，一个可以被评价为“纠缠不放”的行为是否该当“纠缠不放”（罪）的构成要件，与行为人是否有权利（或有权力）这么做关系非常大。

既然关系这么大，那么，在翻译该德文条款时，无论译者怎样用中文来表述“unbcfugt”这个副词，他都至少得把它译出来，而不能把它给译没了。就此而言，徐久生版的译文对“unbefugt”一词的忽略无疑是一个严重的漏译。

何赖杰/林钰雄版（译者：李圣杰）
第238条【跟踪骚扰罪】（2017.3.1.后新法）
（1）无故反复实施下列一种行为方式，跟踪骚扰他人，足以严重影响他人日常生活者，处三年以下有期徒刑或罚金：
……

反之，何赖杰/林钰雄版虽然没有忘记翻译“unbefugt”，但是将其译为“无故”显然是错误的。“无故”（地）和“无权地”是两个不同的概念（无论在中文里还是在德文里），尽管它们之间不无联系。举个例子：“无故迟到”中的“故”一般是指一个具体的事件——一个让你有理由迟到的事件（如孩子病了亟须送医）。而“无权迟到”中的“权”一般是指一个抽象的共识（或规范）——一个独立于具体事件而存在的允许你迟到的规则（如我们中国人约饭，你比订餐人通知的那个时间晚来了15分钟。这里，你不需要迟到的理由，因为你根本就有权迟到。反之，在德国人约饭的场景下，这个“共识”的内容将发生明显的变化，此时，如果你迟到了15分钟，由于你“无权迟到”，你需要一个迟到的理由，否则就属于“无故迟到”）。换一个角度来说，即使对于何赖杰/林钰雄版负责翻译《刑法典》第238条的译者而言，在汉译德时恐怕也不会去用“unbefugt”一词来翻译“无故”这个中文概念——诸如“ohne Grund”或是“unbegründet”这样的德文表达都更贴近于中文里的“无故”一词。

（二）“nachstellen”的程度：“geeignet”

再来看《刑法典》第238条第1款句子主干中“nachstellen”一词的其他限定语：

“wer einer anderen Person in einer Weise...nachstellt, die geeignet ist, deren Lebensgestaltung schwerwiegend zu beeinträchtigen”（“……以一种足以对其正常生活产生严重负面影响的方式对他人纠缠不放者”）。

在此，立法者用“in einer Weise”［“以一种（特定的）方式”］来限定“nachstellen”（“纠缠不放”）这个核心动词，又用一个定语从句解释这是一种怎样的“方式”——具体而言，也即“足以对［被纠缠不放的那个人的］正常生活产生严重负面影响”。其中，“geeignet”就是被我译为“足以”的那个德文形容词。该形容词在何赖杰/林钰雄版中也被译为“足以”，而在徐久生版中却被译为“致使”。

> **刘宗路版**
>
> **第238条　纠缠不放**
>
> （1）无权地以一种足以对其正常生活产生严重负面影响的方式对他人纠缠不放者，若该纠缠不放的实现方式是行为人坚持不懈地
>
> 1. 在此人周围出现，
>
> （……）

> 5. 实施其他具有可比性的行为，
>
> 处三年以下自由刑或罚金。

> 徐久生版
>
> **第 238 条 （追求）**
>
> 1. 以下列方式不懈地苦苦追求他人，致使该人的生活受到严重影响的，处 3 年以下自由刑或罚金刑：
>
> （1）近身探访，
>
> ……

> 何赖杰 / 林钰雄版
>
> **第 238 条 【跟踪骚扰罪】（2017. 3. 1. 后新法）**
>
> （1）无故反复实施下列一种行为方式，跟踪骚扰他人，足以严重影响他人日常生活者，处三年以下有期徒刑或罚金：
>
> 1. 接近被跟踪骚扰者所在之处所，
>
> ……

那么，“geeignet”一词的意思究竟是“足以”，还是“致使”呢？

1. 语言层面

先从语言层面来考察。《杜登德语大辞典》对“geeignet”的解释是：“einem bestimmten Zweck，bestimmten Anforderungen entsprechend，voll genügend；passend，tauglich”（“与某个特定的目的、某些特定的要求相符合的，完全足够的，适合的，有能力的”）。

配合中文的用语习惯，在人作主语时，可以用“能够”或“有能力”来对应“geeignet”（如此人有能力完成这项任务）；在物或事儿做主语时，则更宜用“足以”来对应“geeignet”（如这项科学发现足以让他被历史铭记）。就《刑法典》第238条第1款的德文文本而言，其中充当“geeignet”的主语的是“die Weise”（“那种方式”），故将“geeignet”译为“足以”在意思上是准确的、在用语习惯上是通顺的。反之，“geeignet”这个德文词完全不具有“致使”或“导致”之类的表因果的含义。

2. 法律层面

再从刑法学的层面来考察。依据《刑法典评注》对德国《刑法典》第238条第1款中“geeignet”这一表述的注解，该犯行因为“geeignet”这一表述而被认为属于刑法学中所说的“**潜在的危险犯**”或谓“**足成犯**”。[①] “潜在的危险犯”，顾名思义，相关的构成要件只要求相关的危险是潜在的，而不要求该危险真的在具体案件中被实现为实害结果。

说得具体一些：法条说行为人实施“纠缠不放”的方式“足以对其正常生活产生严重负面影响”意味着不必真的已经对其正常生活产生了严重的负面影响。这样设置构成要件显然更有利于保护被害人，因为证明“潜在的危险犯”中足以发生的影响（这个证明活动的本质更接近于事前预测）要比证明“实害犯”中行

① Eisele in Schönke/Schröder，Strafgesetzbuch，Kommentar，30 Aufl. 2019，§ 238 Rn. 30.

为与结果之间的因果关系要容易得多。针对“geeignet”（“足以”）这一客观构成要件要素，司法者只需要以具体的案情（尤其是行为人所实施的那种具体形态下的“纠缠不放”）和被害人个人的生活处境为材料，站在客观的事前视角去判断（确切地说是“预测”）一个事实即可：针对被害人正常生活的严重负面影响是否可以（或谓“能够”）发生。[①]

根据上述理解，即使只考虑该条款的实质内涵（从而假定译者可以放开手去意译），“geeignet”的意思也肯定是“足以”，而不会是“致使”。实际上，“纠缠不放”这一犯行在德国《刑法典》2017年3月1日之前的版本中的确是一个“实害犯”，当时的德国《刑法典》第238条第1款的德文原文是这个样子的：

§ 238 Nachstellung

（1）Wer einem Menschen unbefugt nachstellt，indem er beharrlich

1. seine räumliche Nähe aufsucht，

……

5. eine andere vergleichbare Handlung vornimmt

und dadurch seine Lebensgestaltung schwerwiegend beeinträchtigt，wird mit Freiheitsstrafe bis zu drei Jahren oder mit Geldstrafe bestraft.

在这个旧版本的“纠缠不放”（罪）中，立法者的确使用了

① Eisele in Schönke/Schröder，Strafgesetzbuch，Kommentar，30 Aufl. 2019，§ 238 Rn. 30.

“dadurch”（“由此 / 通过 / 因为……而导致……”）这个介词来引导“纠缠不放”的具体行为所实际导致的实害结果（这个实害结果具体而言就是“严重负面影响［被纠缠不放的那个人的］正常生活”）。这个法条之所以在2017年修法时被德国的立法者改成现在这个版本（潜在的危险犯），就是因为之前作为实害犯在司法实践中证明难度太大，法官很少能够依据当时的法定犯行构成对这种无赖被告作出有罪判决。以德国联邦统计局2014年的相关统计数据为例，在21,857例针对这种犯行的举报中，最终以德国《刑法典》第238条为法律依据而作出的有罪判决总共只有205例。据此，立法者的修法动机以及该犯行新旧两个版本之间的关键区别（旧版是“致使”，新版是“足以”）可见一斑。

结论是：该条款中的“geeignet”一词只能被译为“足以”，而不能被译为“致使”。

（三）“nachstellen”的具体表现方式之一：威胁

作为“纠缠不放”的一种具体表现方式，德国《刑法典》第238条第1款序号4规定：

“**er**...diese Person mit der Verletzung von Leben，körperlicher Unversehrtheit，Gesundheit oder Freiheit ihrer selbst，eines ihrer Angehörigen oder einer anderen ihr nahestehenden Person bedroht.”

这句话的语法结构非常简单：

“**er**...diese Person mit...bedroht” （“**他**以……对此人相威胁”）

这里，“**er**”（“**他**”）是指行为人，“diese Person”（“此人”）是指被害人。这个纠缠不放的具体方式是对被害人进行“bedrohen”（“威胁”），那么，问题来了：以什么“相威胁”呢？

对此，徐久生版的译文是：

“以自杀、自残、损害自己或其亲近之人的健康或自由的方式对其进行威胁”。

而何赖杰 / 林钰雄版的译文是：

“以加害被跟踪骚扰者本人、亲属或其亲近之人之生命、身体完整性、健康或自由之事，恐吓被跟踪骚扰者”。

即使抛开对动词的措辞选择和句子结构安排上的不同处理，这两个版本的译文在实质内涵上也是明显不同的。徐久生版认为，行为人威胁被害人的砝码是侵害**行为人**自己以及**被害人**的亲近之人的相关权利；而何赖杰 / 林钰雄版则认为，行为人威胁被害人的砝码是侵害**被害人**自己、**被害人**的亲属以及**被害人**的亲近之人的相关权利。即使只考虑生活常识，也不难看出这两个译本中的哪一个更可能是正确的（正确的是何赖杰 / 林钰雄版的译文）。这不仅是因为前者（徐久生版的译文）在真实世界中根本起不到“威胁”的作用（被害人为什么要在乎行为人是否自杀、自残、自伤），而且也因为果真如此的话，该“纠缠不放”（罪）将至少与德国现行刑法中的下述现实产生矛盾：

“自杀”（即使真的实施并且成功了）尚且不是刑法要处罚的对象，“威胁他人说自己打算要自杀”反而（依据德国《刑法典》第238条第1款序号4）要受到刑罚的处罚——这不等于说实际被实施了的更重的行为不罚，却要处罚仅仅停留在口头阶段的更轻的行为吗？这种价值判断上的矛盾在一个合理的刑事立法体系中是不应当存在的。

所幸，我们可以放心地推定，德国的刑事立法者是不会闹出这样的笑话来的。能闹出这般笑话的，目前来看只有德国《刑法典》的中文译者们。结论是：以上两种译文中，后一种在意思上是符合《刑法典》德文原文之表述的。

此外，我对德国《刑法典》第238条第1款序号4的相应译文是：

“**他**……以侵害此人自己、此人的亲属或其他与此人亲近之人的生命、身体之完好无恙、健康或自由对此人相威胁”。

对细心的读者，当然有必要再补充一句：作为威胁被害人的砝码，被声称可能会被行为人侵犯权利的一共有三种人（被害人**自己**、被害人的**亲属**以及被害人的**亲近之人**），而不是两种人（被害人**自己**和被害人的**亲近之人**）。如果不是出于粗心漏译，则徐久生版的译者显然对刑法上的“亲属”和“亲近之人”之间的关系存在误解（译者似乎认为“亲近之人”包括“亲属”，从而在译文中干脆省略了“亲属”这一角色）。

第5题

具有特定法律内涵的概念：在外语与专业之间

——以罪刑法定原则、共同犯罪、正当防卫以及紧急避险为例

§ 1 Keine Strafe ohne Gesetz

Eine Tat kann nur bestraft werden，wenn die Strafbarkeit gesetzlich bestimmt war，bevor die Tat begangen wurde.

刘宗路版

第 1 条　没有法律就没有刑罚

仅当某个犯行的可罚性在该犯行被实施之前在法律上就是确定的时，该犯行才可以被处以刑罚。

徐久生版

第 1 条 （无法无刑）

本法只处罚行为前法律已明文规定予以处罚的行为。

何赖杰 / 林钰雄版（译者：王士帆）

第 1 条 【罪刑法定】

行为之处罚，以行为前之法律有明文规定者为限。

冯军版

第 1 条　没有法律就没有刑罚。只有在某行为被实施之前法律已经确定了其可罚性时，该行为才能受到处罚。

一、所谓“罪刑法定原则”

作为我国刑法中“罪刑法定原则”这一概念在德国刑法中的对应物，现行德国《刑法典》第 1 条所规定的对象至今为止仍然是我国法律界人士“最熟悉的陌生人”。即使对其中的深层次原因搁置不论，与本书主旨息息相关的一个浅表因素在于：在目前我国图书市场上比较流行的几种德国《刑法典》中译本之中，该条款都是被译者意译或干脆是改写过来的。

（一）条款的名称

首先，这个落实在德国《刑法典》第1条中的法律规范在德文中的表述其实并不是中文里“罪刑法定”这样的措辞，而是在字面上对应中文里的“没有法律就没有刑罚”（“Keine Strafe ohne Gesetz”）这样一个说法——在“keine”（“keine”是定冠词，与定冠词“这个”、不定冠词“某个”相对应地，它是“没个”的意思，其后跟名词）、“Strafe”（“刑罚”或“处罚”）、“ohne”（“没有”）、“Gesetz”（“法律”——准确地说是“成文法”）这四个德文单词中，哪里有能够对应中文里“罪”这一概念的表述呢？此外，所谓“罪刑法定”中的“刑”又是什么意思呢？如果是“刑罚”之意，则作为德国《刑法典》第1条的名称，德文原文里的“Strafe”（“刑罚”）一词在何赖杰/林钰雄版的译者笔下莫非是“犯罪与刑罚”抑或“犯罪的刑罚”的简称？又或者这里的“罪刑”是“罪责与刑罚”的意思？无论作何理解，这个翻译都很难说是一个忠实于原文的直译，而更像是一项大胆的创造——只不过，这项大胆的创造在中文刑法世界中经过几十年的口耳相传已经得到了法律人的普遍认可，因此倒也没法不承认它是一项成功的发明。

反之，徐久生版虽然对该条款的德文名称采取了直译的态度，但“无法无刑”这个颇为古雅的措辞毕竟也可以——如同“无法无天”的句式结构一样——被理解为“没有法律，也没有刑罚”（我的意思是：啥也没有，全乱套了），甚至可以被理解为“没法没有刑罚”（我的意思是：不能没有刑罚），尽管在刑法语境中人们实际上不会对该表述作出如此偏颇的解读。那么，我们姑且认为徐久生版对《刑法典》第1条之名称的翻译至少是忠实于德文原文的，只不过读起来有点儿怪罢了。然而，这种“怪”是没有必要的，它并非译者为了表意清晰迫不得已而为之。作为现代汉语的表述，“没有A就没有B”这样的条件关系，单凭一个用以连接条件与结果的“就”字便一清二楚，译者实在没有必要为了中文译文的微言大义而将其省略。像冯军版的译本那样将“Keine Strafe ohne Gesetz”译为“没有法律就没有刑罚”，对于现代汉语的表述来说不仅是精准的，而且是通俗易懂的，从而是十分可取的。

（二）条款的内容

1. 句子结构

对比四个版本的译文，我的译文显然最为啰嗦——该译文从语法结构上看是一个条件从句，即“仅当……时，才……”，而徐久生版与何赖杰/林钰雄版的译文则属于简单句。其中，徐久生版的句子结构为“（本法）只处罚……”，何赖杰/林钰雄版的句子结构为“（行为之处罚）以……为限”。

我的译文以及冯军版译文中的这个条件从句是对德文原文中条件从句的照搬。《刑法典》第 1 条德文原文的句子结构是“...nur（dann）...，wenn...”。其中，“nur”是“只有”的意思；“dann”是“才”的意思并且有时可以被省略掉而不必写出来（就像《刑法典》第 1 条的立法者所做的那样）；“wenn”是“当……时”的意思。德文的语序比中文更为灵活，它可以把中文里的“仅当……时，才……”这个句式拆开、重组，说成“仅才……，当……时”，也就是该条款里的“...nur（dann）...，wenn...”。德国的立法者在此使用这样一个倒装式的条件从句，明显是想要在语气上着重强调“仅”（或谓“只有”）这层意思。

那么，“仅”在什么样的情况下才能罚呢？《刑法典》第 1 条的立法者是这样填充这个被“当……时”所框起来的条件从句的：

die Strafbarkeit *gesetzlich* bestimmt war，bevor die Tat begangen *wurde*
这个可罚性*在法律上*是确定的，在这个犯行*被*实施之前

显而易见，作为这个条件从句的内容，除了语序之外，中文和德文在每一个细节上都可以做到精确对应——其中的每一个名词（Strafbarkeit——可罚性；Tat——犯行），动词（war——是；begangen——实施），形容词（bestimmt——确定的），副词（*gesetzlich*——*在法律上*），定冠词（die——这个），连词（bevor——在……之前）全都能够一一对应，甚至连被动句中的助

动词“*被*”字（*wurde*）都对应上了。既然如此，是否要忠实地翻译德文，对于译者来说就只是一个选择的问题，而不是技术问题，更不是个人水准的问题。

稍微组织一下句子，我们可以得出这样的对《刑法典》第1条全文的翻译：

> 仅当某个犯行的可罚性在该犯行被实施之前在法律上就是确定的时，该犯行才可以被处以刑罚。

显然，以上这个译文的啰嗦，归根结底是因为德国立法者啰嗦了，如果你愿意将这种精确的立法表述称为“啰嗦”的话。

2. 改写句子打几折?

不啰嗦的表述——也就是徐久生版和何赖杰/林钰雄版的译文对德国《刑法典》第1条的改写——其实也能传递大致相同的意思。只不过一旦加上“大致”这个限定语，作为立法用语其实就已经打了不小的折扣。

（1）姿态

首先，在句式的选择上，放弃条件从句——尤其是这个被立法者有意倒装起来的条件从句——而使用简单句这一做法没有反映出德国立法者的宣誓姿态和坚定立场。前面提到了，德语在语序安排上比中文更为灵活，它可以将说话者想要强调的任何一个成分（包括句子中的名词、动词、形容词、副词、介词——无论它们分别是作为“主、谓、宾、定、状、补”中的哪个成分而存在的）放在句子的开头。例如，“天气（是）好（的）”这句话（我在括号里补充的“是”和“的”二字，虽然中文习惯表达中不会出现，但从语法结构上看，“天气是好的”这个不自然却很完整的说法才是一个“主语＋谓语＋补语”的结构，而这个语法结构能够完全对应德文中的表达），中文没法用调整语序的办法来强调这个对“好”的感叹，而大抵只能给形容词“好”的前面加上一个副词，如“很”“非常”“极其”，从而变成“天气（是）很好（的）！”。反之，德语可以说“天气（是）好（的）”，也可以说“好（的）（是）天气！”——后一种表达对德国人来说就算是强调了“好”这个形容词。

回到我们的主题，我们在此谈论的文本是作为德国《刑法典》的第一个条款而存在的。该法自第 2 条起就都是关于本法时间效力、空间效力、属人管辖、属地管辖之类的技术性规定了。假如第 1 条里都没有这么一丁点儿立法者（在目睹战后几十年“罪刑法定原则”伴随宪法法院的横空出世而履步维艰地被一步步具体落实到德国刑事司法实践中后）的姿态和情绪，这部《刑法典》全篇也就再无半点儿感情色彩可言了。也许可以通过对比我国《刑法》中的“罪刑法定原则”来体会这个问题。我国《刑法》第 3 条规定：

> 法律明文规定为犯罪行为的，依照法律定罪处刑；法律没有明文规定为犯罪行为的，不得定罪处刑。

仅就该条的后半句而言，其实也可以仿照徐久生版的句式将其写为“本法只对法律明文规定为犯罪行为的定罪处刑”，或是仿照何赖杰/林钰雄版的句式将其写为“定罪处刑以法律明文规定为犯罪行为的为限”。这样改写之后，无论两个版本中的哪一个，其实与我国现行《刑法》第3条后半句的意思完全相同。但是，你会不会感觉这两种改写相对于我国《刑法》第3条自身的表述而言，在姿态上、决心上、气势上就欠那么点儿意思了呢？

（2）“行为”/“举止”（Handlung/Verhalten）与“犯行”（Tat）

“欠一点儿意思”并不影响我们对德文文本的理解（因而是可以被容忍的），但是欠的意思多了，就会造成灾难。先来看第一个灾难：“行为”。

学过刑法的人都知道“行为”一词在刑法学中是一个非常重要的基础概念。即使在接触德国刑法学的概念体系之前，在我国的传统刑法学中，人们也会因为犯罪的本质是“危害社会的行为”而将“行为”作为刑法犯罪论研究的重要对象来加以看待。时至今日，依靠中文资料了解德国刑法学的人都听说过诸如“目的行为论”“因果行为论”“人格行为论”之类的有关“行为”的刑法学学术概念，有不少人（误）以为对“行为”的研究仍然是德国刑法学中的一个重点问题。总之，对今天的中国法律人来说，“行为”是个有分量的概念。

① 德语中的不同概念被笼统译为“行为”一词时意味着什么？

既然如此，当德国《刑法典》的条文中出现与我们以为的与

"行为"相关的概念时，译者就有义务译出德国人在进行相关表述时在措辞上所给予的区分度来。请允许我扯开一点儿，用一个实例来说明，当译者没有实现这个区分度时，中文读者将会面临怎样的处境（注意：中文读者原则上是意识不到自己的这种处境的）。

> 很久以来，刑法理论致力于回答这样的问题，即如何理解**行为**（Handlung）（**行为**是**犯罪**特征的所有其他问题讨论的出发点）。这种努力虽然没有什么收获，因为定义——如果人们还能找到的话——必须作出一般的规定，以致它毫无体系价值。但是，作为构成要件适度性、违法性和罪责的术语的连接点，**行为**概念看起来是必不可少的，即使"刑法解释论的骰子"在**行为**研究的后期才能投下。此外，立法者在有关国际刑法的规定中（第3条~第7条）使用了与构成要件概念无关的"**行为**"（Tat）概念，以至于在构成要件之前的阶段就必须确定，是否存在应当适用德国刑罚权的"**行为**"（Tat）（参见上文 § 18 I 1）。除这一体系上的考虑以外，还存在积极表明对刑法具有重要意义的人的**态度**的理论利益，因为由此产生了作为"人力所创造的产物"（Menschenwerk）的**犯罪行为**的可归责性的最外部界限。最后，**行为**概念还具有实践意义，因为它保证所有对刑法判断不重要的东西一开始就被予以剔除。①

以上这段话是中国读者非常熟悉的一本德国刑法教科书中译本"第 23 节"（刑法上的行为概念及其相关问题）开篇的第一个自然段。在这段作为德国教科书中译本的汉字中，"行为"这个字眼出现了8次，其中：

第一个“**行为**”对应的是德文原文中的“Handlung”一词（该译本在括号中注明了这一点）；

第二个“**行为**”在德文文本中是不存在的；

第三个“**行为**”对应的是德文原文中的“Handlung”一词；

第四个“**行为**”对应的是德文原文中的“Verhalten”一词；

第五个“**行为**”对应的是德文原文中的“Tat”一词（该译本在括号中注明了这一点）；

第六个“**行为**”对应的是德文原文中的“Tat”一词（该译本在括号中注明了这一点）；

第七个“**行为**”（准确地说是“**犯罪行为**”）对应的是德文原文中的“Tat”一词；

第八个“**行为**”对应的是德文原文中的“Handlung”一词。

此外，该译文中（另一个独立出现的）“**犯罪**”对应的是德文原文中的“Straftat”（本书前文中已经多次提到对“Straftat”一词的翻译问题，它的意思是“可罚犯行”。其中，“Straf-”是“刑罚”、“-tat”是“犯行”），而“**态度**”则是该书译者对德文原文中“Verhalten”一词的误译（如上所述，“Verhalten”这个词在该教科书译者的词典里本应是“行为”之意，而德文版教科书原文中的“Verhalten”在这里——或在任何其他地方——无论如何都不可能是“态度”的意思）。

---

① ［德］汉斯·海因里希·耶塞克、［德］托马斯·魏根特著：《德国刑法教科书》，徐久生译，中国法制出版社2017年版，第298~299页。

好了，作为中文读者（我的意思是，你只能读中文，而不能像我一样捧着同一本译著的德文原版来对照阅读，从而挖出中文版里每一个“行为”在德文原文中到底对应的是哪一个概念——当然，如果自己已经能够看懂德文原著了，除过为了撰写你正在阅读的这本书以外，干嘛还要去读中文译本呢），你在阅读法学译著时所面临的处境就是这样：德国人那边很热闹地在谈论关于“行为”的几个不同的概念（包括“行为”本身），而你看到的却是德国人在就“行为”这一个概念无厘头地怪声怪气（如果不是痴人说梦或胡言乱语的话）。我确信，你没有看懂上面那段来自耶塞克与魏根特合著的《德国刑法教科书》中译本的引文。这个你不必、也不应怪自己理解能力差或是对刑法知识的积累不够——这是一本教科书，教科书就是写给初学者看的（初学者就是指作为大一新生的外行人）。如果你作为我国大学法学院的在读生看不懂，不是因为你刑法知识的积累不够；如果你作为中国的刑法老师、刑庭法官、刑辩律师、检察官看不懂，更不是因为你理解能力差。你看不懂那段引文的意思，是因为你不应该能够看懂。其实我也看不懂，如果手头没有这本教科书的德文原版来供我对照阅读的话。

想象一下这个情况：

德国长官（用德语）给你下了一道指令，说：“男人来了，你就开门；女人来了，你就关门；小孩来了，你就出门。”作为随身翻译，我把这个指令译给你听：“人来了，你就开门；人来了，你就关门；人来了，你就出门。”听了我的翻译，你怎么可能不觉得在你和这位德国人之间必定有一个人是不正常（或不厚道）的呢？而你又怎么可能知道，我之所以这么翻译，是因为我所掌握的关于“人”的（包括德文和中文的）词汇不够丰富？或者，你又怎么可能知道，我之所以这么翻译，是因为我觉得“男人”“女人”“小孩”都是“人”，没必要分那么清楚？我的专业水准、我的职业操守、我作为翻译人员在你与德国人的沟通中所实际起到的作用，你作为一个不会德语又很讲究体面的人根本无从知悉。更绝的是，在我为你服务了这么多年之后，在你以此为基础而与德国人打了这么多年的交道、干出了这么多“成果”之后，你恐怕也不敢再知道了。

其实，你和他都挺好。

这种你和德国人“都挺好”的情况实际上遍布法学中文译著之中（绝不限于刑法，更不限于教科书）。请允许我重新翻译以上所谈论的那段译文对应的德文原文，并以此来结束我在这一小节中对第一个“灾难”的描述。

Die Strafrechtslehre bemüht sich seit langem um die Beantwortung der Frage，was unter einer **Handlung**（als Ausgangspunkt aller weiteren Erörterungen der Merkmale einer **Straftat**）zu verstehen ist. Manche Autoren halten dieses Bemühen zwar für fruchtlos，weil eine Definition，wenn man sie denn je finden könnte，so allgemein bleiben müßte，daß sie keinen systematischen Wert hätte. Dennoch erscheint ein **Handlung**sbegriff als Bezugspunkt für die Prädikate der Tatbestandsmäßigkeit, der Rechtswidrigkeit und der Schuld als unverzichtbar, auch wenn die „Würfel der strafrechtlichen Dogmatik" erst auf diesen späteren Stufen der Untersuchung eines **Verhaltens** fallen. Außerdem verwendet der Gesetzgeber in den Vorschriften über das internationale Strafrecht (§ § 3-7) einen von dem Begriff des Tatbestandes unabhängigen Begriff der „**Tat**", so daß schon auf dieser dem Tatbestand vorgelagerten Ebene festgestellt werden muß, ob eine „**Tat**" vorliegt, für die die deutsche Strafgewalt in Betracht kommt (vgl. oben § 18 I 1). Abgesehen von dieser systematischen Erwägung besteht auch ein theoretisches Interesse an der positiven Kennzeichnung strafrechtserheblichen menschlichen **Verhaltens**, weil sich daraus die äußerste Grenze der Zurechenbarkeit einer **Tat** als „Menschenwerk" ergibt. Endlich hat der **Handlung**sbegriff auch praktische Bedeutung, denn er stellt bei sachgerechter Fassung sicher, daß alles, was für die strafrechtliche Beurteilung nicht von Belang sein kann, von vornherein ausgeschieden wird.[1]

刑法学很久以来都在致力于回答什么是（作为对**可罚犯行**之特征所进行的一切后续探讨之出发点的）**行为**这一问题。虽然一些作者认为该努力毫无建树，因为相关的定义，如果人们

① Jescheck/Weigend, Lehrbuch des Strafrechts, Allgemeiner Teil, 5. Aufl. 1996, S. 218 f.

> 压根找得到它的话，必然是如此之宽泛以至于它根本不具有体系上的价值可言。但是作为构成要件该当性、违法性与罪过之谓语的抓手，一个有关**行为**的概念似乎又是必不可少的，即便“刑法教条学的骰子”实际落在针对相关**举止**所进行的后续审查阶段中。此外，立法者在有关国际刑法的规定中（第3至7条）使用了一个与构成要件之概念相互独立的“**犯行**”概念，以至于在这个构成要件的前置层面上就必须认定是否存在一个可能触及德意志刑罚力量的“**犯行**”（参见上文第18节 标题I 1）。抛开这一体系考量，对于与刑法相关的人类之**举止**进行正面刻画也是具有理论意义的，因为这种刻画同时也就界定了作为“人类杰作”之**犯行**的可归属性的最大边界。最后，**行为**之概念也具有实践意义，因为如果对之合理地加以界定，它将能够自始就剔除掉一切与刑法判断不相关的东西。

② 德国《刑法典》第1条中的“Tat”

现行德国《刑法典》第1条的德文文本中并不存在“行为”一词，如果“行为”是指“构成要件行为”“实行行为”意义上的由行为人所实施的那个非常具体的动作或举止的话（例如，盗窃中的“拿走”；买卖人口中的“招募”、“运送”、“转手”、“提供住宿”或“接收”；劫持人质中的“劫持”或“控制”；证件伪造中的“制作”、“篡改”或“使用”）。德国的立法者在该条款中使用了“Tat”一词，我在此将其译为“犯行”。我在本书第2题中已经阐述过，“案件”在德国刑法的语境中就是指“犯行”，而“犯行”

其实并不是指行为人的某个具体的“行为”，而是包括了行为人的客观行为以及该行为之对象、该行为所作出的方式、背景、行为人内心世界的状况等一系列与该犯行之法定构成要件相关的那些事实——也即整个“案件”（事实）[见第2题一、（一）]。通俗地说，作为有待以及可能被阻却其违法性的对象，“犯行”就是行为人干的、正好被刑法中某个罪名所禁止的坏事儿（它是一桩完整的事儿，而不是行为人的单个举止或行动）。

当徐久生版、何赖杰/林钰雄版以及冯军版的译文将《刑法典》第1条中的“Tat”一词译为“行为”时，他们便注定要在德文文本里出现“Handlung”或“Verhalten”的地方继续使用“行为”一词来翻译这两个互为同义词但与“Tat”并不相同的概念。而当徐久生版将“Straftat”译为“犯罪”时，在德文文本出现“Verbrechen”的地方，他也将无法不继续使用“犯罪”这个中文概念来与之对应（更为窘迫的是，出于专业内涵的考虑，对于“Verbrechen”这个德文词，他有时将其译为“犯罪”，有时又不得不将其译为“重罪”），而这种混乱当然也延续到了对德国刑法教科书的翻译之中。后一个事实就是你读不懂德国教科书中文译著的一个重要原因，如果不是首要原因的话。

在许多话题上，德国人有他们自己的概念体系和表达方式，我们之所以觉得德国人“严谨”，其实根子就在于他们的表达习惯，因为他们的表达习惯就是他们的思维方式。如果中文有能力如实反映他们的概念体系、他们的遣词造句而译者却不去这样做，非要自己发明一套自以为更加符合中文用语习惯的表达方式，以期达到让中国人更易读懂的最终效果，那么实际效果将（已）会是：我们并没有真的在了解德国人的东西，我们只是满足于自己对世界的既有认知罢了。此外，中国读者也并没有真的读懂了那些所谓的“更加符合中文用语习惯”的中文译文。

（3）德国《刑法典》第1条中的“bestimmt”

接下来谈第二个灾难：“确定的”。

① 其他版本的译文中存在的问题

在徐久生版与何赖杰/林钰雄版的译文中，读者根本看不到德国立法者在其《刑法典》第1条中所专门强调的“bestimmt”（“确定的”）这一字眼，而“bestimmt”恰恰是德国法律人对此原则大做文章的立法依据。再来复习一遍该条款所包含的那个内容为“当……时”（或谓“在……的条件下”）的条件从句都说了些什么：

> die Strafbarkeit *gesetzlich* bestimmt war，bevor die Tat begangen *wurde*
>
> 这个可罚性*在法律上*是确定的，在这个犯行*被*实施之前

这个被落实在现行德国《刑法典》第1条中的“Keine Strafe ohne Gesetz”（“没有法律就没有刑罚”）之原则——德国刑法人也将其称为“Gesetzlichkeitsprinzip”（“法定性原则”）——主要包括以下四个方面的内容：（1）对习惯法的禁止；（2）对确定性的要求；（3）对类推的禁止；（4）对溯及既往的禁止。[①] 这

① Hecker in Schönke/Schröder，Strafgesetzbuch，Kommentar，30 Aufl. 2019，§ 1 Rn. 6.

其中的每一项具体要求都是德国的刑法人从《刑法典》第1条的法条文本中解读出来的。他们之所以能够解读出一个所谓的“**Bestimmtheitsgebot**”（“**对确定性的迫切要求**”），就是因为该条款中真的有一个叫作“**bestimmt**”（“确定的”）的措辞。而假如该条款中在“bestimmt”一词出现的地方实际出现的是其他措辞，如“vorgesehen”（“规定”），则德国联邦宪法法院很可能就解读不出来这个今天在德国刑法学中实际存在的、为德国法律人普遍认可的“Bestimmtheitsgebot”了。

换个角度来考虑这个问题：

假设德国高级法院的法官们都精通中文，现在我们请他们来适用中译本的德国《刑法典》审理德国人自己的刑事案件（当然，我同时假定这样的审判活动在德国是被允许的）。无论他们面前摆放的是徐久生版的德国《刑法典》第1条（“本法只处罚行为前法律已明文规定予以处罚的行为”），还是何赖杰/林钰雄版的德国《刑法典》第1条（“行为之处罚，以行为前之法律有明文规定者为限”），可以肯定，当案件实质上涉及他们所熟知的有关“Bestimmtheitsgebot”（“对确定性的迫切要求”）的争议时，他们总会在某些案件中得出与自己适用德文版德国《刑法典》第1条时截然不同的判决结论，而这其中的原因仅仅在于，中文版的法条中没有出现“bestimmt”（“确定的”）这个形容词。德国的法律人无法从徐久生版的“法律已明文规定”或是何赖杰/林钰雄版的“法律有明文规定者”这样的字眼中解读出与他们习以为常的“Bestimmtheitsgebot”具有同样内涵的“对确定性的迫切要求”。

在翻译类似德国《刑法典》第1条中的“bestimmt”这种具有法律专业术语性质的日常概念时（我的意思是，它本身就是日常用语中的词汇，只不过在这个法条的语境下，被使用目标语言的法律人专业化地解读出了特定的含义），法条文本的译者（无论他是否自觉、是否乐意都）无法仅仅作为掌握中德两种语言的外语专家而成功地完成自己的任务。为了将这种日常概念准确地对应到自己的工具语言中去（对于德译汉而言，“工具语言”是中文，而“目标语言”是德语），他必须同时作为一个刑法学行家来进行这种概念之间的转化活动。当特定的德文概念、特定的德文表达对应到中文里有不止一种翻译选项时，法条的译者必须考虑这些不同的选项在法律人的概念体系与思维方式中可能意味着什么（他们能够借助现有的法律解释方法从特定的中文选项中解读出什么），从而选择相关德文文本作为法律专业文献在中文里最为稳妥的表达。

②“bestimmt”一词对德国的法律人意味着什么？

德国《刑法典》第1条中明文写有“bestimmt”（“确定的”）的字样，由于德国《基本法》第103条第2款与《刑法典》第1条内容一字不差，德国联邦宪法法院的法官们从中解读出了一条以刑法规定为对象的宪法要求，名曰“Bestimmtheitsgebot”（“对确定性的迫切要求”）。要求刑法规定的内容足够确定，自然有助于保障法律适用上的人人平等。此外，该宪法要求还服务于以下两个目的：第一，保护规范的承受者（也就是可能承受刑法规定之法律效果的被告人）；第二，确保立法者在犯行之“可罚性”问题上——相对于司法者而言——拥有优先决定权（注意：这里的“可罚性”就是德国《刑法典》第1条中出现的那个“Strafbarkeit”）。①

就以上第二点而言，立法者通过创造刑法分则中某个犯行的构成要件（从无到有），决定了那个犯行压根是不是一个“可罚犯行”（“Straftat”）。立法者对该犯行的构成要件以及相应的处罚后果规定得越具体、越明确，他留给司法者在个案中就该规定进行解读与发挥的空间就越小，而这就意味着立法者在更大的程度上决定了该犯行的“可罚性”（“Strafbarkeit”），从而实际享有了本就属于他的对可罚性问题之优先决定权。

就以上第一点而言，要想保护规范的承受者，就得让他能够预见刑法规范可能对自己产生何种影响——具体而言，就得让他能够仅仅凭借刑法规范的文本（也就是德国《刑法典》的法条文本）就了解到什么是被刑法所禁止的，以及一旦他违反了这样的禁止性规定，可能会有什么样的法律后果在等着他。

以上所说的既适用于构成要件或谓犯行构成（犯行的具体内容），也适用于法律后果（相应的刑事处罚），在此我仅以构成要件为例来加以说明。针对犯行的构成要件，立法者有义务对其进行足够精确的表述，从而为司法活动提供可靠的立法依据。不够确定的或是内容空洞的构成要件会导致“为刑法规范定型”这一任务在事实上被移交到司法者手中，而这项任务本是属于立法者

① Hecker in Schönke/Schröder, Strafgesetzbuch, Kommentar, 30 Aufl. 2019, § 1 Rn. 16.

的。当立法者如此推卸自身职责时，他也就同时架空了另一项来自《刑法典》第1条的刑法原则，也即“禁止溯及既往”（这同时也是一项宪法要求），这是因为法官可以随时改变自己对构成要件的解读——法官可以通过在“事后”对一个立法上不够确定的构成要件进行与先前大不相同的解读而达到适用某个在个案中的“行为时”尚不存在的“新的”构成要件来给这个具体案件中的行为人定罪量刑的实际效果。①

这当然是很可怕的。正因如此，对于这个“对确定性的迫切要求”，德国的法律人并不只是将其作为一个空洞的原则在大学课堂上说说而已，他们因此而对实定法中的不少具体规定提出了质疑。例如，巴伐利亚州宪法法院在面对“wer gegen die öffentliche Ordnung verstößt”（“谁要是违反公共秩序”）这样的构成要件时，果断地将其宣布为违宪。② 又如，德国的刑法学家们对“旧刑法”第360条序号11中所规定的“groben Unfug”（“严重的胡作非为”）、对现行《刑法典》第211条谋杀中的“niedrigen Beweggründen”（“低劣动机”）、第228条同意中的“gegen die guten Sitten verstößt”（“违反公序良俗”）、第240条第2款强迫中的“verwerflich”（“可谴责的”）、第185条侮辱中的“Beleidigung”（“侮辱”）等措辞是否满足《刑法典》第1条所确立的“对确定性的迫切要求”这一问题都进行过激烈的讨论。这类问题的严肃性和严重性在已故刑法学

---

① Hecker in Schönke/Schröder, Strafgesetzbuch, Kommentar, 30 Aufl. 2019, § 1 Rn. 17.

② BayVerfGHE 51 II 194.

者韦尔策尔（Welzel）的下述感叹中可见一斑：

“没有法律就没有刑罚这一原则的真正威胁并不来自类推适用，而是来自内容不确定的刑法！”[①]

鉴于此，就德国《刑法典》第1条中“bestimmt”（“确定的”）一词的翻译，我的结论是：译者有义务将这个同时具有日常用语和法律术语双重身份的形容词在中译本中原模原样地反映出来。徐久生版、何赖杰/林钰雄版中那个取而代之的“明文规定”一词，在对确定性之程度的要求上完全无法与“确定的”一词相提并论，因而是一个严重失真的翻译。只需想象一个完全符合“明文规定”这一要求的犯行构成，例如我国《刑法》第264条：

盗窃公私财物，数额较大的……处三年以下有期徒刑、拘役或者管制，并处或者单处罚金；数额巨大或者有其他严重情节的，处三年以上十年以下有期徒刑，并处罚金；数额特别巨大或者有其他特别严重情节的，处十年以上有期徒刑或者无期徒刑，并处罚金或者没收财产。

这个盗窃之犯行构成无疑被“明文规定”了出来（它肯定不算是被“暗示”于我国现行《刑法》的字里行间的），它不是一项“习惯法”。如果法官在适用这个法律规定时没有发生“类推”或是“溯及既往”的情况，可以说，依据德国《刑法典》第1条的以上两个中文译本，这个法定构成要件完全不违反所谓的“罪刑法定原则”（即使是精通中文的德国法官在进行这样的判断时大概

① Welzel, Das deutsche Strafrecht : eine systematische Darstellung, 11. Aufl. 1969, § 5 II 3.

也会得出同样的结论）。但是，很显然，如果适用我的或是冯军版的中文译本，以上这个盗窃罪的构成要件在作为宪法原则的“对确定性的迫切要求”上就很难站得住脚了，就像它在德文版的德国《刑法典》第 1 条面前站不住脚一样。

二、“共同犯罪”中的人们

在我国刑法学现有的学术概念体系当中，没有哪个话题所涉及的术语是比共同犯罪中的角色称谓更加令人费解的了。比这个令人费解更加令人惊奇的是，抛开这些中国刑法学中的学术概念，在我国现行《刑法》的具体条文当中，立法者在共同犯罪这一问题上所使用的概念和表述却是相当简单明了的。就共同犯罪中的人物角色而言，立法者给他们起的名称分别为“主犯”（《刑法》第 26 条）、“从犯”（《刑法》第 27 条）、“胁从犯”（《刑法》第 28 条）以及“教唆犯”（《刑法》第 29 条）。如果没有中国刑法学而只有中国《刑法》，相信对于任何一个能够考入大学、有资格进入法学院接受高等教育的年轻人来说，以上立法文本中对共同犯罪人的角色设定都是一清二楚且顾名思义的。

然而，当这样一个年轻人坐在大学的刑法课堂上，当所谓“刑法学”中的各种共同犯罪术语朝他扑面而来时，那种立法上的一清二楚和顾名思义顷刻之间便灰飞烟灭了。取而代之的是以下这些充满学术气息的概念：正犯、共犯；正犯、教唆犯、帮助犯；

狭义共犯、广义共犯；间接正犯、共同正犯……其中，能够与我国现行《刑法》对应上的，就只有“教唆犯”这一个说法。

为什么会这样呢？

（一）德国刑法中的“正犯”

1. 德国《刑法典》第 25 条第 1 款的内容

德国的立法者将那个能够对应我国《刑法》中“共同犯罪”的话题集中规定在德国《刑法典》第 25~31 条中。其中，第 25 条的规范对象就是被我国刑法学界称为“正犯”的那种人。

§ 25 Täterschaft

（1）Als Täter *wird* bestraft，wer die Straftat selbst oder durch einen anderen begeht.

（2）Begehen mehrere die Straftat gemeinschaftlich，so wird jeder als Täter bestraft（Mittäter）.

刘宗路版

第 25 条　行为人属性

（1）自己或通过他人实施可罚犯行者，*被作为*行为人而处以刑罚。

（2）若多人共同实施可罚犯行，则每一个人都被作为行为人而处以刑罚（共同行为人）。

徐久生版

第25条 （正犯）

1. 自己实施犯罪，或通过他人实施犯罪的，依正犯论处。

2. 数人共同实施犯罪的，均依正犯论处（共同正犯）。

何赖杰 / 林钰雄版（译者：陈志辉）

第25条 【正犯】

（1）自己实行犯罪行为，或利用他人实行犯罪行为者，皆为正犯。

（2）数人共同实行犯罪行为者，均依正犯论处（共同正犯）。

冯军版

第25条 行为人共同体。（1）自己或者使用他人实施犯罪行为者，作为行为人处罚。

（2）如果是多人共同地实施犯罪行为，那么，每一个人都作为行为人处罚（共同行为人）。

在第2题中我已经提到过［见第2题一、（三）1.（1）②（ⅱ）］，在德国立法者的用语中，如果有人实施了一个Tat（犯行），并且《刑法典》里存在一个描述该Tat的法律规定，则依据这个法律规定中所包含的如何处理实施该Tat之人的那部分内容（该部分内容具体而言就是：应该或可以对实施该Tat之人处以怎样的刑罚），那个实施了该Tat的人就面临被施以“Strafe”（“刑罚”）的威胁。其中，实施“Tat”（“犯行”）的人叫作“Täter”（“行为人”)，描述该犯行之特征的那部分法律规定叫作“Tatbestand”(“犯行的构成”)。

上一段中对这几个作为德国立法用语的德文单词的翻译都是抠着字眼的直译。这样直译的好处之一在于德文法条里对相关概念的使用有多大区分度，中文译文里就能够体现出多大的区分度(无论对单个单词的德译汉本身是否足够准确)。换句话说，直译可以确保无论你随机挑出哪个《刑法典》的具体条款，如果涉及这些相互关联的概念，则其在如此制作的中文译本里都不会相互打架、不会前后矛盾，只要德文原文本身没有出现用语自相矛盾的混乱局面。Tat永远是“犯行”，Täter永远是“行为人”，Strafe永远是“刑罚”(或谓“处罚”——“处罚”在这里实际上是动词作名词了)，Straftat永远是“可罚犯行”[译为“可罚犯行”，而没有译为“处罚犯行”抑或“刑罚犯行”完全是考虑到中文里怎样说得通，这个“Straftat”的构词在德语中的感觉实际上是“(可以用刑罚去)处罚(的)犯行”，所以按照汉语的用语习惯把它译为“可罚犯行”其实仍然算得上在抠着德文原文的字眼进行直译]。

以此为出发点，将德国《刑法典》第25条第1款中的“Täter”译为“行为人”不仅是准确的，而且也符合我国刑法学者们对“行为人”这一概念的理解。显然，冯军版的译文也是这样一个翻译思路，准确地直译单个概念，同时尽量按照德文原文的表述方式来造句。这个直译的思路还体现在对该条款中“als...*wird* bestraft”(被作为……而处以刑罚)这一表达的翻译上。冯军版在“als...*wird* bestraft”这个德文句式的处理上，没有在译文中体现出被动句中的“被”字，这个译法虽然与我“老老实实”地把德文中的“被”字（“wird”）也译出来的做法有所区别，但（无论在中文表达的通顺与否上，还是在实质内涵的传递到位与否上都）也完全没有任何问题可言。毕竟，中文里的被动句不一定要把“被”字明确地讲出来，冯军版说“作为行为人处罚”的意思当然就是“被作为行为人予以处罚”。

反之，徐久生版与何赖杰/林钰雄版都将“Täter”译为“正犯”。对此，如果读者是一个在“刑法学王国”中浸淫已久的法律人，可能是无所谓好坏的，甚至他会觉得这才像个学术概念嘛！把“Täter”叫作“行为人”的话，不连外行都听懂了吗？而如果读者是一个大学一年级的法律初学者，那么“正犯”这个词就会让他感到很不舒服。“浸淫已久的法律人”可能已经忘记了自己最初看到“正犯”一词时的不适感，但也可能是“多年媳妇熬成婆”后，为了补偿自己在适者生存过程中所付出的艰辛和恶心而反过来坚持要后来的人继续这么做。

“正犯”这个概念，对我来说直到今天都是一个代号，而不是一个作为日常汉语的真正的称谓。就好比说你将“Täter”译作“ゐ”，然后告诉我，今后一说“ゐ”就是指那个（被你定义、阐释过的）规定在德国《刑法典》第25条第1款中的角色。我永远都不能感受“正犯”这两个汉字到底是什么意思（就像我望着“ゐ”这个“符号”时觉得自己与它格格不入一样），而最多是记住了刑法老师最初向我介绍“正犯”这个代号时给它下的定义（其实，连那个定义我也从来没有记住过）。

此外，由于在翻译思路上根本采取了**意译的思路**，德文“als...*wird* bestraft”（*被作为……而处以刑罚*）这一被动句式在何赖杰 / 林钰雄版的译文（“皆为正犯”）中完全没有得到体现。德国立法者要表达的意思是“干了这个或那个的，被作为这个或那个而予以处罚”，到了这个译本中，就变成了“干了这个或那个的，就是这个或那个”。严格地说，这样的翻译已经严重篡改了德文原文的实质内容。德文原文谈的是“对某种人如何处罚”的问题，其中既有对“这种人”所进行的定义，也有对“这种人所施加的法律效果之具体内容”所进行的描述，也即该法条表达了两层不同的意思。而何赖杰 / 林钰雄版的译文只反映出来一层意思，也就是对“这种人”所进行的定义。对于法律人来说，这个译文与原文之间在实质内涵上的差异很难被称为是无伤大雅、无足轻重的。

最后，在徐久生版的译文（“依正犯论处”）中，“als...*wird* bestraft”似乎是得到了体现的，尽管对我来说“依……论处”听起来不像是现代汉语的表达（虽然它也不真的是古代汉语的表达）。我国现行《刑法》中存在多处“以……论处”的表述（如《刑法》第 25 条第 2 款、第 66 条、第 155 条、第 198 条第 4 款），但不存在“依……论处”这样的说法。

2. 德国《刑法典》第 25 条的名称

在澄清了德国《刑法典》第 25 条第 1 款中的那个角色到底叫什么之后，我们再来考虑《刑法典》第 25 条的名称怎么译。

§ 25 Täterschaft

刘宗路版

第 25 条　行为人属性

徐久生版

第 25 条（正犯）

何赖杰 / 林钰雄版（译者：陈志辉）

第 25 条【正犯】

冯军版

第 25 条　行为人共同体

徐久生版与何赖杰 / 林钰雄版都将德文原文中的法条名称“Täterschaft”译为“正犯”，这在他们各自译本自身的用语体系中都说不通，因为你不能把“Täterschaft”和“Täter”都译为“正犯”，无论“正犯”这两个汉字到底是否能够准确对应“Täterschaft”或是“Täter”中的任何一个词。在这一点上，冯军版的译文力图展现出德文在“Täterschaft”和“Täter”这两个不同措辞上的区分度，将“Täter”译为“行为人”，并在此基础上将“Täterschaft”译为“行为人共同体”。这个翻译思路是值得称赞的，尽管将词缀“-schaft”译为“共同体”本身存在一些问题。

在德语中，“Wissen”一词是“知识”的意思，加上后缀“-schaft”变成“Wissenschaft”，字面意思是“知识的总和”，我们通常将其译为“科学”。同理，“Mann”是“男人”，加上后缀“-schaft”变成“Mannschaft”，字面意思是“一帮男人”，我们通常将其译为“团队”或“队伍”[例如，“足球队”就是“Fußballmannschaft”，也即“Fußball”（足球）+“Mannschaft”（队伍）]。这就是自身抽象空洞、其具体含义随着与之搭配的不同名词而有所变化的德文后缀“-schaft”的用法——实际上，“-schaft”本身没有什么具体的含义，它就是用来表示与之搭配的那个名词概念的总和，到底将其译为什么，通常取决于与它组合的那个名词概念在中文里作为一个概念类别的“整体”而出现时我们在中文里习惯怎么称呼它。

现在，将我在上一段中所说的原理应用到“Täterschaft”这个单词上。“Täter”一词是“行为人”，加上后缀“-schaft”变成“Täterschaft”，实质含义是“行为人的总合”或“行为人的集合”。那么，按照上述“通常”情况下的翻译方法，我们该怎么选呢？很遗憾，答案是：没得选。理由在于，汉语日常用语中并没有“行为人”这个概念，译者将“Täter”译为“行为人”本身已经是法律人在搞发明创造了（如果不是自己发明创造，而是直接在汉语日常用语中找“Täter”的中文对应物，那么这个现成的中文概念大概是“凶手”——当然，用“凶手”来翻译“Täter”在诸如故意杀人罪、身体伤害罪之类的罪名中听起来是舒服且准确的，但换成盗窃罪、受贿罪的场合，将其“行为人”称作“凶手”似乎就不对劲儿了）。现在要把“Täterschaft”译为汉语，自然更谈不上在汉语的日常用语中找现成概念作为选项的问题。

鉴于这一客观事实，在斟酌如何翻译“Täterschaft”一词时，我所考虑的并不是在业已存在的中文概念里有哪个词能够与之准确对应，而是如何翻译作为第25条之标题的“Täterschaft”才能保证同一个德文词出现在德国《刑法典》总则第2章第3节的标题中时也能说得通。《刑法典》总则第2章第3节的标题是“Täterschaft und Teilnahme”。其中的“Teilnahme”是“参与”的意思，并且它是将动词“Teilnehmen”（“参与”）写成了名词的样子（在中文里，这个动词、名词之间的区别是看不出来的，而只能在“参与”这两个汉字所出现的具体语境中被加以区分，例如：“你的参与对我们来说很重要”，这个“参与”是名词；“你要多参与我们的集体活动”，这个“参与”是动词）。既然名词“Teilnahme”（“参与”）的意思完全不是“参与**者**”“参与的**人**”，那么相应地在第三节的标题名称中与“Teilnahme”并列出现的“Täterschaft”也肯定不能被译为“行为**人**”（也就是说，从性质上看，“Täterschaft”和“Teilnahme”这两个作为第三节之标题而并列出现的名词都不是指“干……的人”）。由此出发，为了与这个“Teilnahme”在性质和段位上尽量匹配，将“Täterschaft”译为“行为人的总合”或“行为人的集合”都说得过去。具言之，作为名词的“Teilnahme”（“参与”）相较于作为动词的“Teilnehmen”（“参与”）本就具有将“参与”这一具象概念进行抽象化的功能，也即前者本身就含有“参与的集合”“参与的总合”之意。既然如此——作为翻译第25条第1款中“Täterschaft”一词的限制与对标——《刑法典》总则第2章第3节的标题“Täterschaft und Teilnahme”就应该被译为类似于“行为人的总合与参与”“行为人的集合与参与”这样的中文表达。

当然，我个人的最终选择是将“**Täterschaft**”译为“**行为人属性**”，原因很简单：“行为人属性”和（作为抽象名词的）“参与”并列出现在第3节的标题中时在我的感觉中是相对比较搭的。从法律含义上看，用今日中国刑法学界的“行话”来说，“**Täterschaft und Teilnahme**”这个德国《刑法典》中的标题大概可以是“**正犯性与共犯性**”的意思，它的另一个等价的说法是我国现行《刑法》用语体系中的“**共同犯罪**”。

比较遗憾的是，偏偏冯军版这个“**行为人共同体**”的译法不太合适。不太合适的第一个原因在于，“共同体”在中文里并不是“集合”或“总和”的意思，而是“团体”“群体”的意思（前一个是某概念的抽象总和，后一个是一个具体的团体、组织）。借用今天我们网购时的流行语，“行为人共同体”可以被理解为“行为人组团了”。借用我国刑法学中的共同犯罪术语，“行为人共同体”也可以被理解为“两个以上共同正犯所组成的集体”。不太合适的第二个原因在于，如果按照冯军版的做法，将“-schaft”译为“共同体”，那么在碰到“Gemeinschaft”的时候，又该用中文里的哪个词汇来与之对应呢（“Gemeinschaft”才是“共同体”一词的德文对应物，如“**欧洲共同体**”就对应着德文里的“**Europäische Gemeinschaft**”）？也用“共同体”的话，就犯了和徐久生版、何赖杰/林钰雄版一样的错误——也即用同一个中文概念（如“正犯”）去翻译不同的德文概念（如“Täterschaft”和“Täter”）。这个错误，以冯军版译文在其他法条中所表现出来的严谨态度观之，是译者肯定不愿意去犯的。

（二）德国刑法中的“教唆犯”

1. 德国《刑法典》第26条的内容

（1）“教唆犯”就是“教唆”他人去犯案?

§ 26 Anstiftung

Als Anstifter wird gleich einem Täter bestraft，wer vorsätzlich einen anderen zu *dessen vorsätzlich begangener rechtswidriger Tat* bestimmt hat.

刘宗路版

第26条　教唆

故意指使他人去实施*其故意实施的违法犯行*者，被作为教唆者而处以同行为人一样的刑罚。

徐久生版

第26条　（教唆犯）

故意教唆他人*故意实施违法行为*的是教唆犯。对教唆犯的处罚与正犯相同。

何赖杰/林钰雄版（译者：陈志辉）

第26条　教唆犯

故意教唆他人使之*故意施行违法行为*者，为教唆犯。教唆犯之处罚，与正犯同。

冯军版

第 26 条　教唆。故意地确定了他人达于*其故意实施了的违法行为*者，作为教唆者与行为人同样处罚。

先来看德国《刑法典》第 26 条中所谓“教唆犯”的构成要件：

“wer vorsätzlich einen anderen zu *dessen vorsätzlich begangener rechtswidriger Tat* bestimmt hat”

“谁故意地确定了另外一个人对*其故意实施的违法的犯行*”

让我们从这个句子的核心动词“bestimmt hat”入手。即使不懂德文，你也不难看出，这里的“bestimmt”就是德国《刑法典》第 1 条（所谓“罪刑法定原则”）中所出现的那个“bestimmt”。作为形容词的“bestimmt”（“确定的”）来自作为动词的“bestimmen”（“确定”“决定”“起到决定性的影响”）的现在完成式，二者的意思是一样的。冯军版将作为动词的“bestimmt hat”（在法条中，这个动词“bestimmen”是以其现在完成时的时态而出现的，所以是加上助动词“hat”并且自身变成完成式之后的“bestimmt hat”，意思是“确定了”）译为“确定了”是完全正确并且彻底忠实于德文原文的。

反之，徐久生版与何赖杰 / 林钰雄版将这个“bestimmt hat”译为“教唆”，则无论如何都站不住脚。站不住脚的第一个原因是语文上的：

《杜登德语大辞典》对“bestimmen”这个动词有许多解释，其中最接近于作为犯行之“教唆”的是这个：“zu etwas veranlassen，drängen，bewegen”［“为……（的发生）提供契机”或谓“促使……（发生）”，“催促”，“使……动起来”或谓“导致某人做出某项决定”］。从这个德德词典里的解释来看，“bestimmen”是一个不含褒贬之义的动词，它的发出所导致的后果，不一定是一件坏事，而也可能是一件好事。我可以“催促”或“促使”你去杀人、去放火，也可以“催促”或“促使”你去救人、去积德行善。这意味着，“bestimmen”这个感情色彩中立的动词是所谓的“教唆”这个贬义动词的上位概念。仅就这一点而言，译者就不应该轻易地把它译为“教唆”。

站不住脚的第二个原因是逻辑上的，也是法律上的：

德国《刑法典》第26条有两个方面的内容，一方面是对所谓的“教唆犯”进行定义（这就是刑法学中所说的“教唆犯的构成要件”），另一方面是对如何处罚所谓的“教唆犯”进行规定（这就是成立所谓“教唆犯”的“法律后果”）。在德文原文对后一个方面（如何处罚）所进行的表述中，出现了被徐久生版与何赖杰/林钰雄版译为“教唆犯”的那个单词（Anstifter），因此，在德文原文对前一个方面（要处罚的是一个什么样的犯行）所进行的表述中，绝对不应该再出现“教唆”这个概念，否则就犯了下定义时同义反复的大忌——你不可以用“教唆”这个词来解释什么是“教唆犯”，就像你不可以用“理发”这个词来解释什么是“理发师”、不可以用“审判”这个词来解释什么是“审判员”一样。细心的读者一定会想起来，这样的同义反复也出现在了徐久生版与何赖杰/林钰雄版对“盗窃罪”构成要件的翻译之中［见第1题一、

（二）]。

（2）“确定他人的犯行”还是“指使他人去实施犯行”？——一个比较难搞的直译

单看“bestimmt hat”这个动词本身，冯军版对它的直译（“确定了”）最为符合德文原文的表达方式。但问题是，“bestimmt hat”这个动词在该法条中不是独立存在的，它还跟了两个宾语，一个直接宾语“einen anderen”（“另外一个人”），一个间接宾语“*dessen vorsätzlich begangener rechtswidriger Tat*”（“**他的**故意地实施了的违法的犯行”——这里的“*dessen*”就是“**他的**”，也即作为“bestimmen”的直接宾语的那个**“另外一个人”**的），且后者前面加了一个介词“zu”（这个“zu”相当于英文里的“to”，假设要把它译出来，那么在中文里该怎么译，是因具体语境的需要而定的——甚至不一定要把这个介词译出来）。

现在来看冯军版对德国《刑法典》第26条整个构成要件部分的翻译：

“故意地确定了他人达于*其故意实施了的违法行为*者”。

显然，这个译本中的“达于”二字是译者对介词“zu”的翻译尝试。这个直译的尝试，我个人觉得不算是非常成功的，原因在于：一者这话这么说听起来很怪；二者细究这句话的实质含义，似乎也还不够清楚明白——什么叫“确定了他人达于*其故意实施了的违法行为*”呢？我不敢肯定这句话是什么意思，如果没有看过它的德文原文的话。

那么，症结似乎就在于对这个介词“zu”的翻译上了，这的确是一个翻译难题。我自己采取的策略是，在逐字逐词地忠实原文这一目标上做一点儿牺牲，放弃直译介词“zu”，凭空添加一个德文原文字面上并不存在的“去实施”，用这个动词去补充德文中确实存在的“指使”这一核心动词的内容（我将“bestimmt hat”译作“指使”——这里我没有用完成时态，而是用了一般现在时，这在汉语里是不会引起误解的。当然，冯军版连这个完成时态都企图反映在中文译文中的做法是非常值得肯定的），两部分加起来构成一个语法上的使动用法，也即“指使某人去实施某事”（这个句子结构相当于英语里常说的“let somebody do something”——“让某人去做某事”）。这样一来，我至少可以原模原样地翻译作为动词“bestimmt hat”之直接宾语的“einen anderen”（“另外一个人”）以及作为动词“bestimmt hat”之间接宾语的“*dessen vorsätzlich begangener rechtswidriger Tat*”（“*他的故意地实施了的违法的犯行*”）。当然，为了符合刑法用语的习惯，我将“einen anderen”实际表述为“他人”，而非“另外一个人”——二者的意思是完全相同的。

作为结果，我对德国《刑法典》第26条整个构成要件部分的翻译是：

“故意指使他人去实施*其故意实施的违法犯行*者”。

这样翻译，虽然稍微改变了一点儿德语的句子结构，但它的好处是：我这句话你看得懂。在“读者看得懂”和“译文与德文原文在语法细节上高度匹配”这两个目标之间，我原则上选择让读者看得懂。因为如果看不懂译文要表达什么样的实质内涵，我想其他一切都白搭。作为德国《刑法典》的中文译者，我不可能在法条里到处加注脚，告诉你“这个表达其实是这个意思”“那个表达其实是那个意思”。这样的讲解，只会发生在你正在阅读的这本书中。

（3）“教唆犯”是指使他人去实施违法的“行为”还是违法的“犯行”？

前文中，我已经多次讲解过德文“Handlung”（行为）与“Tat”（犯行）这两个词的区别了。即使你懒得去查找或回忆二者之间的具体区别，只看上一句话，这两个单词摆放在那里，起码说明它们是两个不同的德文词。即使完全不懂德语，你作为一个法律人、一个法条文本的读者，是否有这样一种需求，就是希望译者（就其工作态度而言）将德文里不同的词——只要它们之间真的有差异——在中文译文里至少能够体现出来（即使不是最好也能够准确翻译的话）？如果是我自己在阅读《日本刑法典》（或任何其他不以中文为官方语言的国家的刑事立法）的中译本，我一定有这个需求。如果得知译者根本就没有打算满足它，我就会觉得自己上当受骗了。我要读的是《日本刑法典》，而不是译者甲乙丙丁所理解的、所改写的、所偏好的那个版本的《日本刑法典》。我不在乎译者企图如何为我讲解《日本刑法典》，我只在乎日本的刑事立法者到底在他们的《刑法典》里说了些什么。讲解《日本刑法典》是日本刑法教科书作者的任务（原则上还是日本人自己的事儿），而不是《日本刑法典》中文译者的分内之事。反之，如果译者能够老老实实地把作为日本刑法教科书之讲述对象的《日本刑法典》翻译得停停当当，那么相应地，日本刑法教科书的翻译也就不是一项多么艰巨的任务了。

不容辩驳的一个事实是：所有德译汉的译者（包括我自己在内），无论他是否同时也是一个懂刑法的人，都会将“Handlung”这个词译作“行为”（与之相对应地，我会把作为动词而出现的“Handeln”译为“行动”，并且为了在表达上符合中文的语感，这个“行动”在我的译文中经常被作为名词而加以使用，如《刑法典》第16条第1款中所出现的“其**行动**不是故意的”）。举个例子，德国《刑法典》第52条第1款中出现的“Handlung”这个单词，无论是徐久生版、何赖杰/林钰雄版还是冯军版的译文都将其译作“行为”。既然如此，当译者们同时也用“行为”这个中文概念来翻译其他德文动词时，他们至少犯了我在上一个自然段中所描述的错误。有趣的是，即使把这个错误犯在同一个法条上，有的译者似乎也全然无感。仍然以德国《刑法典》第52条为例，该法条的名称是“Tateinheit”——这是一个复合词，由“Tat”和“Einheit”两个名词组合而成。在以上提到的德国《刑法典》中译本中，徐久生版与冯军版都将其中的“Tat”译为了“行为”，从而将“Tateinheit”译为“行为单数”。他们犯了不能用同一个中文概念“行为”来翻译不同的德文概念（具体而言，就是“Handlung”和“Tat”）的错误。与此不同的是，何赖杰/林钰雄版将其中的“Tat”译为了“犯行”，从而将“Tateinheit”译为“犯行单数”。这固然是可喜的——因为该译本至少没有在同一个法条内部犯我上一段所说的错误——然而，这种可喜却无法普及德国《刑法典》的整部中文译本。只需回想一下该译本对德国《刑法典》第1条的翻译，其中的“Tat”并没有被译为“犯行”，而是被译为“行为”。换句话说，何赖杰/林钰雄版对于同一个德文词“Tat”的翻译，有时译作“行为”，有时又译作“犯行”。这从翻译的一般原理上讲，尽管不是完全不应该出现的（因为有的德文词在不同语境下可能的确表示不同的意思，相应地，译者就需要用不同的中文概念来对应同一个德文词），但是，就“Tat”这个词而言，德国的立法者在整部《刑法典》中对它的使用都是一以贯之的。因此，翻译时不应该出现在不同的法条中使用不同的中文概念来对应“Tat”的情况。“Tat”的意思永远是“犯行”——或者至少它永远都应该对应中文里不同于“行为”的某一个特定的概念。

2. 德国《刑法典》第26条的名称：中文译文中对“犯”字的滥用

§ 26 Anstiftung

刘宗路版

第26条　教唆

徐久生版

第26条　（教唆犯）

何赖杰／林钰雄版（译者：陈志辉）
第 26 条 【教唆犯】
冯军版
第 26 条　教唆。

在前文对德国《刑法典》第 25 条的名称所做的阐述中，我没有专门去澄清一个在刑法规范的翻译上具有高度普遍性的问题，即中文译文中对“犯”字的滥用。现在，以对德国《刑法典》第 26 条之名称的翻译为契机，我对这个“犯字问题”一并予以澄清。

德国的立法者给德国《刑法典》第 26 条起的名字是“Anstiftung”。“Anstiftung”是动词“anstiften”的名词形式，二者在内涵上是没有区别的，如何翻译“Anstiftung”完全取决于如何翻译“anstiften”。那么，我们先来看《杜登德语大辞典》对“anstiften”的解释：

第一，“(etwas Unheilvolles) ins Werk setzen”[(把某个贻害无穷的东西）转化为既成事实]；

第二，“zu etwas Schlechtem, Bösem verleiten, überreden”[引诱、劝说（某人去做）某件坏事、恶事]。

其中，第一个解释的例句如“Verschwörungen anstiften”(**策划**阴谋)；第二个解释的例句如“jemanden zum Betrug anstiften”(**教唆**某人去行骗)。在德国《刑法典》第 26 条的语境下，“anstiften”显然是后一个意思，也即“教唆”。相应地，作为其名词形式的

“Anstiftung”也应当被译为“教唆”，尽管在中文里没有具体语境时你看不出来“教唆”是动词还是名词。

此外，如同英语可以通过变换动词“teach”（教授）的词尾而得到实施“teach”这个行为的人“teacher”（教师）、可以通过变换动词“cheat”（行骗）的词尾而得到实施“cheat”这个行为的人“cheater”（骗子）一样，德语也可以通过变换动词“anstiften”（教唆）的词尾而得到实施“anstiften”这个行为的人“Anstifter”（教唆者）。不难想象，德国《刑法典》第26条的条文文本中所出现的被定义的对象“Anstifter”（“教唆者”或谓“教唆的人”），在德语中实际上是一个日常用语，而非法律术语。无论在德国刑法的立法文本中，还是在德国人以此立法文本为基础而搞出来的刑法教条学中，根本就不存在“教唆犯”这样的一个说法，因为德语中根本就不存在任何一个词能够对应中文里作为刑法学用语的那个“犯”字！换句话说，无论是作为该条款之名称的“Anstiftung”，还是作为该条款之内容的“Anstifter”，德国的立法者在使用这两个德文词时，心里根本不存在作为一种法律评价之结果的“某某犯”意义上的“犯”字。在《刑法典》第26条的德文原文中，立法者所做的只是用德语的大白话告诉（包括法律人在内的）德国老百姓：

第一，这个条款规定的对象是关于“教唆”这类事情的，所以它的名字叫作“Anstiftung”（“教唆”）。

第二，该条款以对“Anstifter”（“教唆者”）进行定义为主要内容，具言之：“教唆者”就是“故意指使他人去实施其故意实施的违法犯行”的人。

第三，一旦具体案件中的某个人符合这里对“Anstifter”（“教唆者”）所下的定义，我们就推定他有罪，就像单个人实施犯行时我们用刑法分则中的法定犯行构成去推定“Täter”（“行为人”）有罪时所做的一样。

第四，如果不存在违法阻却事由，也不存在罪过排除事由，也即这个“Anstifter”（“教唆者”）在具体案件中是可罚的，则对他的处罚与对该案中“Täter”（“行为人”）的处罚是一样的（这部分关于如何处罚“Anstifter”的规定就是与上述第二点中所谓“主要内容”相对应的“剩余部分的内容”）。

好了，关于德国《刑法典》第26条的名称到底该译作什么，至此已经阐述完毕。结论是：“教唆”。此外，需要提请读者注意的是，我对于“教唆”这个法条中“犯字问题”的阐述，适用于对德国《刑法典》中所有条款的翻译。我的意思是：

第一，作为实施某种行为的“人”而出现时，“教唆犯”“帮助犯”中的“犯”字是多余且曲解德文原义的——正解是把“犯”字去掉，改为“者”或是“的人”。

第二，作为某种行为本身的名词化用法而出现时，“教唆犯”“帮助犯”中的“犯”字是多余且曲解德文原义的——正解是把“犯”字去掉就行了。

第三，作为实施某种行为的“人”而出现的“正犯”这个翻译是如此之糟糕，乃至于我都顾不上去谈论其中的“犯字问题”了。与《刑法典》第26条中所出现的“Anstifter”（“教唆者”或谓“教唆的人”）和第27条中所出现的“Gehilfe”（“帮助者”或谓“提供帮助的人”）一样，德文中的“Täter”（“行为人”——顺便说一句，在德语中“tun”是个动词，它的意思是“做”“干”，它的过去式是“tat”，德语中作为名词的“Tat”就是从这个作为“tun”之过去式的“tat”经由大写第一个字母而变来的，也就是说，“Tat”和“tun”根本上是同一个意思。既然如此，“tun”是“做”“干”，“Tat”就是“被做出来的那个事”“被干出来的那个事”，在刑法的语境中也就是“案件”或“犯行”的意思。进一步地，再把这个作为事情的“Tat”变成作为干这个事情的人的“Täter”，“Täter”的意思不就是“干那个事情的人”“实施那个犯行的人”——也就是我国刑法学用语中所说的“行为人”了吗？）是一个日常用语，是一个很通俗的概念［如果乐意的话，也可以将“Täter”译为“凶手”——当然，译为“凶手”的坏处前文中已经说过了，详见第5题二、（一）2.］。煞有介事地将其译为“正犯”，不仅是一个刑法学翻译史上的灾难，而且集中体现了近代以来使用半文言半白话的中国法律学者们思想深处根深蒂固的文人情结。这种文人情结的精髓，落实在法律这个与文字表达密切相关的的学问之中，就在于矫揉造作、添油加醋、装腔作势以及（并不罕见的）故弄玄虚。当近代以来的——尤其是民国时期的——文人们置精准实用于不顾，而怀着这样的酸腐情结、吹着这样的八股遗风来向朴实无华、一板一眼、扎扎实实甚至愣头愣脑的德国人学习“法律之学”时，中国刑法（学）现代化之后的具体形态、具体生态便可想而知了。

（三）德语里那个与我们所说的“共同犯罪”相对应的概念：从德国《刑法典》第 29 条说起

1. 对“Beteiligte”的翻译取决于对“Teilnehmer”的翻译：请勿将“Teilnehmer”译为“共犯”！

先来分析德国《刑法典》第 29 条的句子结构：

> Jeder **Beteiligte** wird *ohne Rücksicht auf die Schuld des anderen* nach seiner Schuld bestraft.
>
> 每一个 **Beteiligte** 被*不考虑他人的罪过*依据他的罪过处罚。

作为一个巧合，即使我将这句话德文原文中的（除过主语“Beteiligte”以外的）每一个成分（连同其语序都）直接替换为中文而丝毫不对我的译文进行语言组织，中文读者也可以理解它的意思，只不过这样的堆砌式的直译读起来很别扭罢了。针对上面这个堆砌直译的句子，只需要强调“*不考虑他人的罪过*”和“依据他的罪过”在德文中分别是两个相互独立的状语，对于读者来说，想要彻底理解这句话的完整含义就只需要确定“**Beteiligte**”这个词的中文含义了。

想要确定“**Beteiligte**”一词在共同犯罪问题语境中的确切含义，需要参考另外一个法条，也即德国《刑法典》第 28 条第 2 款。该法条的规定如下：

§ 28 Besondere persönliche Merkmale

（2）Bestimmt das Gesetz，daß besondere persönliche Merkmale die Strafe schärfen，mildern oder ausschließen，so gilt das nur für den **Beteiligten**（**Täter** oder **Teilnehmer**），bei dem sie vorliegen.

刘宗路版

第 28 条　特定的个人特征

（2）若法律规定特定的个人特征加重、减轻或排除刑罚，则其仅适用于具有相关个人特征的**共同犯罪人**（**行为人**或**参与者**）。

徐久生版

第 28 条（特定的个人特征）

2. 法定刑因行为人的特定的个人特征而加重、减轻或免除的，其规定只适用于具有此等特征的**行为人**（**正犯**或**共犯**）。

何赖杰 / 林钰雄版（译者：陈志辉）

第 28 条【特别个人要素】

（2）法定之特别个人要素系属加重、减轻或排除刑罚事由者，仅适用于具备这些要素之**参与者**（**正犯**或**共犯**）。

冯军版

第 28 条　特别的人的标志。

（2）如果法律规定特别的人的标志使刑罚重处、轻处或者排除，那么，它只对具备这些标志的**参加者**（**行为人**或者**参与人**）适用。

其中，与我在此要讨论的问题——如何翻译《刑法典》第 29 条中“Beteiligte”一词——相关的，仅仅是这个部分：

“so gilt das nur für den Beteiligten（Täter oder Teilnehmer）”

“则这仅仅适用于 Beteiligten（行为人抑或 Teilnehmer）”。

在此，立法者明确指出，“Beteiligte”是“行为人”与“Teilnehmer”的上位概念，后两者被统称为“Beteiligte”。那么，在翻译“Beteiligte”之前，我们还有必要先来确定德国立法者所说的“Teilnehmer”是什么意思。德国《刑法典》第 28 条第 1 款说得很清楚——“**Teilnehmer**”就是“**Anstifter**”（教唆者）与“**Gehilfe**”（帮助者）的统称，也就是被我国刑法学界称作“**共犯**”的那个角色。当然，与对“正犯”这个糟糕翻译的态度完全相同，我不会用“共犯”这个充满歧义的中文法学专业术语来对应德文里的“Teilnehmer”一词，因为就像“**Täter**”一样，“**Teilnehmer**”在德文里其实也是一个无比通俗的日常用语，它的意思是：“**参加者**”“**参与者**”“**对……有份的人**”（注意，这里所列出的三个中文概念，并不是“**Teilnehmer**”的三种不同含义，而是同一个意思的三个中文表达）。“参与者”这个无比通俗明了的意思，放在刑法共同犯罪的语境中完全说得通，例如：

张三是这起抢劫罪的**参与者**，具体而言，是他**教唆**李四去抢劫迎春小区正门外的小卖部的。实际实施抢劫行为的人（抢劫的**行为人**）只有李四。

好了，现在我将“Teilnehmer”一词确定地译为“参与者”，在此基础上回到正题：如何翻译《刑法典》第 29 条中的

“**Beteiligte**”？换句话说，作为“**行为人**”与“**参与者**”的上位概念，我们该如何称呼“**Beteiligte**”这一角色（在此，我可能有必要说明一下，德国《刑法典》第29条中出现的“**Beteiligte**”与第28条第2款中出现的“**Beteiligten**”是同一个词，尽管前一个词的词尾较之后一个词的词尾少了一个字母“n”。其中的原因很简单：德语中的名词在作主语和作宾语时，词尾有可能会发生一点变化，而具体的变化规则，在此不可能详述——这个德语中特有的语法现象带来的学习负担还是留给那些正在学习德语的人去承受吧）？

继续使用排除法。

2.“Beteiligte”不该怎么译？

（1）徐久生版：“行为人”

首先，徐久生版将“**Beteiligten**”译为“行为人”是完全错误的，并且即使就其译本自身的用语体系而言都错得非常离谱。也许你还想得起来，在翻译《刑法典》第16条所规定的“对犯行事实情况的认识错误”时，徐久生版的译文中出现过“行为人”这一概念，尽管该条款的德文原文中其实根本没有出现过“Täter”这个词（或是任何与刑法学中的“行为人”相关的名词概念）。由该中文译本对《刑法典》第5条第1款序号3字母a中“**Täter**”的翻译可知（“……而**行为人**为德国人……”），其译文确实是在“Täter”的意义上使用“行为人”这一概念的。回到德国《刑法典》

第 28 条第 2 款的语境中来，既然徐久生版的译文在别处已经将 “**Täter**” 译作 “**行为人**”，现在在翻译本条款中同时出现的三个不同概念——“**Beteiligten**（**Täter** oder **Teilnehmer**）”——时，怎么可以将其中的 “**Beteiligten**” 也译作 “**行为人**” 呢？又怎么可以仅仅为了在此处将 “**Beteiligten**” 译作 “**行为人**” 而将这里出现的明明与《刑法典》第 5 条第 1 款序号 3 字母 a 中一模一样的那个叫作 “**Täter** ” 的单词随意地改译为 “**正犯**” 呢？再强调一次，在德国《刑法典》、德国刑法教条学以及德国刑事司法判决中，“**Täter**” 在任何时候、任何语境下都是同一个意思，无论你把它译为中文里的什么。

结论是：在《刑法典》第 28 条第 2 款的 “**Beteiligten**（**Täter** oder **Teilnehmer**）” 这一表述中，将 “**Täter**” 译为 “**正犯**” 是一个故弄玄虚的做法，将 “**Teilnehmer**” 译为 “**共犯**” 是一个故意制造误解或过失制造歧义的灾难，而将 “**Beteiligten**” 译为 “**行为人**” 则是一个赤裸裸的翻译错误。

（2）何赖杰 / 林钰雄版与冯军版：“参与者”“参加者”

在中文里 “参与” 和 “参加” 是两个同义词，没有实质含义上的区别。相应地，“参与者” 和 “参加者” 也是同一个意思。因此，在对德国《刑法典》第 28 条第 2 款中 “**Beteiligten**” 一词的翻译上，何赖杰 / 林钰雄版的 “参与者” 和冯军版的 “参加者” 可以说是同一个译法，二者之间没有优劣之分，亦无对错之别。

§ 28 Besondere persönliche Merkmale

（2）Bestimmt das Gesetz，daß besondere persönliche Merkmale die Strafe schärfen，mildern oder ausschließen，so gilt das nur für den **Beteiligten**（**Täter** oder **Teilnehmer**），bei dem sie vorliegen.

何赖杰 / 林钰雄版（译者：陈志辉）

第 28 条 【特别个人要素】

（2）法定之特别个人要素系属加重、减轻或排除刑罚事由者，仅适用于具备这些要素之**参与者**（**正犯**或**共犯**）。

冯军版

第 28 条　特别的人的标志。

（2）如果法律规定特别的人的标志使刑罚重处、轻处或者排除，那么，它只对具备这些标志的**参加者**（**行为人**或者**参与人**）适用。

作为对中文刑法专业术语的应用，何赖杰 / 林钰雄版将所有涉及共同犯罪问题的被告人统称为“**参与者**”，然后将所有的共同犯罪之“参与者”周延地分为“**正犯**”和“**共犯**”两大类人，又将其中的“共犯”细分为“**教唆犯**”和“**帮助犯**”——这个分类法（或谓与德文相应概念的“对应法”）本身是行得通的，因为它是自洽的，只不过这种“自洽”必须建立在对上述每一个术语人为地进行专业界定的基础之上。换句话说，这些在译文中用来对应相关德语概念的中文名词都是一些人造的专业词汇，对于不懂法的老百姓来说都是些莫名其妙的刑法（学）术语（普通人绝对不可能一听“正犯”就知道它是“凶手”“实行者”的意思——除非他是法学院的毕业生；你的中学语文老师或大学英语老师也绝对想不到共同犯罪中的“实行犯”反而被刑法专业人士给排除在“共犯”这个概念之外了）。

- 参与者 Beteiligte
  - 正犯 Täter
  - 共犯 Teilnehmer
    - 教唆犯 Anstifter
    - 帮助犯 Gehilfe

何赖杰 / 林钰雄版对共同犯罪中各种角色的分类

这样的用人造的中文术语来对应德文原文中的相关概念的做法，从翻译的角度来看，是严重不忠实原文的译法；从刑法教学的角度来看，它给法科生的专业学习人为地增加了难度——这不仅是无谓的，而且是有害的。反观有关共同犯罪问题的《刑法典》德文原文，其中被上述中文专业术语所对应的每一个德文名词都是日常用语，德国的老百姓在看到这些概念时，能够自动理解它们的大致含义：“Beteiligte”是“**参与者**”，“Täter”是“凶手”或谓“实际干坏事的那个人”，“Anstifter”是“教唆的人”，“Gehilfe”是“帮手”，后二者都是犯行的“**参与者**”，也就是“Teilnehmer”。现在，唯一的问题来了：在德文的日常用语中，“Beteiligte”和“Teilnehmer”其实是同义词，抛开共同犯罪这个刑法语境，德国的老百姓完全不会认为这两个概念有什么实质内涵上的区别（他们平时说话时会将这两个名词所对应的动词混着用），而他们的立法者却在《刑法典》里使用了两个同义词来表达刑法专业上的两个区别很大的上下位概念，这是闹的哪一出呢？

德国《刑法典》第28条第1款：

Fehlen besondere persönliche Merkmale（§ 14 Abs. 1），welche die Strafbarkeit des Täters begründen，beim Teilnehmer（**Anstifter** oder **Gehilfe**），so ist dessen Strafe nach § 49 Abs. 1 zu mildern.

德国《刑法典》第28条第2款：

Bestimmt das Gesetz，daß besondere persönliche Merkmale die Strafe schärfen，mildern oder ausschließen，so gilt das nur für den **Beteiligten**（Täter oder Teilnehmer），bei dem sie vorliegen.

其实，这个做法在德国《刑法典》的原文中并不会真的成为一个问题（我是说，它不会引起德国读者的误解或纳闷儿），因为立法者已经在第28条第2款首次出现“**Beteiligten**”一词时用括号明确地标明了这个词所指代的角色包括了括号里的两种人，即“**Täter**”和“**Teilnehmer**”；同时在第28条第1款出现“**Teilnehmer**”一词时用括号明确地标明了这个词所指代的角色包括了括号里的两种人，即“**Anstifter**”和“**Gehilfe**”。通过在立法上进行这样的说明（定义），（包括法官在内的）德文读者在阅读相关法条时就不会去纠结“**Beteiligten**”和“**Teilnehmer**”到底是什么“意思”了（我是说：德国人在读德文时不会去考虑“**Beteiligten**”和“**Teilnehmer**”这两个词分别对应哪个说法——它们什么也不对应，都是“参与者”“有份的人”的意思），而是会直接接受立法者对这两个日常用语中的同义词在共同犯罪语境中所做的明示的、人为的区分。

纠结中文里的“参与者”和“参加者”这两个概念到底哪个更适宜被用来对应“Beteiligten”、哪个更适宜被用来对应“Teilnehmer”是中文译者（或是用德文阅读德国《刑法典》并且打算用中文把它的意思讲给中国人听的中国人）的专利。当冯军版的译者没有机会在其德国《刑法典》中译本的正文中向读者解释自己所遇到的这个翻译困境（具言之，为什么“参加者”包括了“行为人”和“参与者”？或者说凭什么“参加者”和“参与者”可以被译者作为两个不同层级的概念而加以使用？）而只能在其中译本的注释中简单地对比自己的译文与其他译本的译文有何不同时，难受的肯定不只是读者（要知道，普通读者大概率不会去阅读译者的注释）。归根结底，无论译者在内心如何希望读者能够对“参与者”和“参加者”在外延上的区别与自己感同身受，对中国的读者而言，当这两个名词作为上下位概念出现在同一个德国刑法条款中时，总还是会让人觉得有些莫名其妙。而中文读者们不知道的是，这个“莫名其妙”的用词组合实在不是该译本译者的失误——相反，它恰恰源于译者企图忠实于德文原文、精确地进行直译的良苦用心。

3. “Beteiligte”到底应该怎么译？

在阐明了冯军版译者所面临的直译困境以及该译本不是非常理想的突围方案后，我自己对这个问题的解法也就呼之欲出了。

同样作为一个崇尚直译、追求还原德文原文中的一切的译者，如果愿意在个别词汇是否直译的问题上做一点点妥协，那么整个问题就不难解决了——解法是：在“Beteiligten”和“Teilnehmer”这两个单词中，任选一个并放弃对其进行直译。进一步地，我选择放弃对“Beteiligten”进行直译，而优先将“Teilnehmer”译为“参与者”（当然，译为“参加者”也是一样的，只不过一旦选定一个中文措辞，另外一个中文同义词就不要再用了）。这是因为“Teilnehmer”这个词出现在了德国《刑法典》共同犯罪问题这一部分的标题之中并且它作为一个下位概念，理应得到更加精确的翻译。

细心的读者会注意到，在本题到此为止的行文中，每当我提到德国《刑法典》中的“共同犯罪”时，都加上了“问题”“语境”之类的后缀。这是因为，在作为立法条文的《刑法典》中，德国人实际上并没有使用过“共同犯罪”这一字眼。他们为所谓的“共同犯罪”一节所起的名字并不是“**Beteiligung**”，而是“**Täterschaft und Teilnahme**”（“**行为人属性与参与**”）。既然“**Beteiligung**”这个词在专业内涵上可以准确对应我国刑事立法中以及我国刑法学者们所说的（动词名词化了的）“**共同犯罪**”这一概念，那么，我们为什么不在这个单词上采取意译或谓专业术语配对的方法，就把它译为“**共同犯罪**”呢？

这就是我的选择。

进一步地，既然将那个作为事情、行为或活动的“**Beteiligung**”译作“共同犯罪”，那么，那个作为从事这一事情、行为或活动的人的“**Beteiligte**”当然可以被译为“**共同犯罪人**”了。于是就有了下面这个我对德国《刑法典》第29条的翻译：

§ 29 Selbständige Strafbarkeit des Beteiligten

Jeder **Beteiligte** wird *ohne Rücksicht auf die Schuld des anderen* nach seiner Schuld bestraft.

刘宗路版

第29条　共同犯罪人之独立的可罚性

每一个**共同犯罪人**都*无须考虑他人的罪过*而仅依据其自身的罪过被处以刑罚。

徐久生版

第29条　（共犯责任之独立性）

数人共同犯罪的，各依自己的责任受处罚，*不考虑他人的责任*。

何赖杰／林钰雄版（译者：陈志辉）

第29条【参与者处罚之独立性】

每一个**参与者**各依自己之罪责受处罚，*不必考虑他人之罪责*。

冯军版

第29条　参加者的独立的可罚性。对每一个**参加者**，都*不考虑他人的责任*而根据其责任予以处罚。

最后不得不提的是，徐久生版的译文为了绕开对“Beteiligte”一词的翻译，自己动手对该条款进行了幅度不小的改写，以至于其中的“Beteiligte”一词完全被拿掉了。此外，该条款的名称也被译者活活砍掉了三分之一——前文已经提到过，该译本的译者是将“共犯”作为“教唆犯”和“帮助犯”的上位概念而加以使用的，也即“共犯”不包括“正犯”，而是一个与“正犯”相对立的概念。既然如此，在共同犯罪人的全部三个角色当中，将我所说的“共同犯罪人”（或任何可以与“共同犯罪人”相对应的概念）译为“共犯”，可不就是把“正犯”所占的那三分之一给砍掉了吗？

仍然针对徐久生版在翻译《刑法典》第29条时所犯的这个错误，换一个角度来说：《刑法典》第29条的题目是“Selbständige Strafbarkeit des Beteiligten”（“共同犯罪人之独立的可罚性”），抛开该译本擅自将其中的“Strafbarkeit”（“可罚性”）改为“责任”不说，译者在此将“Beteiligten”译为“共犯”，就其译文自身的用语标准而言也不存在任何可以自圆其说的余地，因为它在翻译《刑法典》第28条第2款时明明将同一个德文单词（“Beteiligten”）译作“行为人”——也即我国刑法学界所说的“正犯”！这意味着，该版译文在一个法条中将“Beteiligten”译为“正犯”，而在另一个法条中将其译为“共犯”，尽管“正犯”和“共犯”（即使在该译本自身的用语体系中也）是一对反义词！这样的翻译，对于读者来说无疑是灾难性的。一个中文读者在阅读这样的德国《刑法典》时如果不抓狂，那几乎可以肯定他不是一个好读者，更不用说他绝对也不是一个合格的法律人。

三、正当防卫与紧急避险

（一）正当防卫

1. 德国《刑法典》第32条的名称

§ 32 Notwehr

（1）Wer eine Tat begeht，die durch Notwehr *geboten* ist，handelt nicht rechtswidrig.

（2）Notwehr ist die Verteidigung，die erforderlich ist，um einen gegenwärtigen rechtswidrigen Angriff von sich oder einem anderen abzuwenden.

刘宗路版

第32条　危难中的防卫

（1）实施被危难中的防卫所*迫切要求的*犯行者，其行动不违法。

（2）为了使自己或他人免于遭受当下的违法攻击而实施的必要的防卫是危难中的防卫。

徐久生版

第32条　（正当防卫）

1. 正当防卫不违法。

2. 为使自己或他人免受正在发生的不法侵害而实施的必要的防卫行为，是正当防卫。

何赖杰 / 林钰雄版（译者：陈志辉）

第 32 条 【正当防卫】

（1）出于正当防卫而*有必要实行*某一犯行者，其行为并非违法。

（2）为避免自己或第三人遭受现在不法之侵害，而实施必要之防卫行为者，为正当防卫。

冯军版

第 32 条　紧急防卫。（1）实施由紧急防卫所*要求的*行为者，不是违法地在行动。

（2）紧急防卫是为了避免对自己或者他人的现时的违法的攻击所必需的防御。

首先，一个明确无疑的事实是：中文里的“正当防卫”并不是对德文中“Notwehr”一词的字面翻译，冯军版译文中的“紧急防卫”才是。这个作为德国《刑法典》第 32 条之法条名称而出现的“Notwehr”是一个复合词，它由“Not”（“困境”“危难”“外在的强制”）和“Wehr”（“防卫”“抵抗”）两部分组成，其字面意思是“危难中的防卫”“困境中的防卫”。冯军版将其译为“紧急防卫”虽然不是十分准确（如果将“紧急防卫”一板一眼地译回德文中去，我会首选“dringende Wehr”，而不是“Notwehr”这一表达，因为“dringend”才是“紧急”“紧迫”的意思——显然，紧急不紧急与困难不困难并不必然是同一回事），但至少是一个直译的尝试。反之，为我国法律专业人士熟知的“正当防卫”一词虽然在字面意思上不能准确反映“Notwehr”这个德文单词的含义，但是作为一个刑法学术语、一个立法用语，我国刑法中的“正当防卫”无疑可以对应德国刑法中同样作为违法阻却事由（或谓正当化事由）的“Notwehr”，二者在各自国内立法者笔下所要解决的完全是同一个问题：当一个人处于某种人为制造的困境中时，如果他出于某个被立法者所认可的目的而不得不实施一个犯行的话，那么他就不应当因为自己所实施的这个犯行而去承受刑罚处罚的法律后果。

由此出发，作为德国《刑法典》第32条的法条名称，无论是将“Notwehr”译为“正当防卫”还是将其译为“危难中的防卫”都不为错。秉持自己在翻译整部德国《刑法典》时的一贯做法，我选择将“**Notwehr**”直译为“**危难中的防卫**”。基于同样的考虑，我将作为德国《刑法典》第34条之名称的“**Rechtfertigender Notstand**”直译为“**有正当化效果的危难情形**”（而非“有正当化效果的紧急避险”）、将作为德国《刑法典》第35条之名称的“**Entschuldigender Notstand**”直译为“**排除罪过的危难情形**”（而非“排除罪过的紧急避险”）、将作为德国《刑法典》第13条之名称的“**Begehen durch Unterlassen**”直译为“**通过放弃而实施**”（而非“通过不作为而实施”）、将作为德国《刑法典》总则第2章第2节标题之名称的“**Versuch**”直译为“**尝试**”（而非“未遂”）、将作为德国《刑法典》第24条之名称的“**Rücktritt**”直译为“**退出**”

（而非“中止”）。

2. 德国《刑法典》第 32 条第 1 款的内容

（1）主句：漏译问题

先来看德国《刑法典》第 32 条第 1 款的主句：

> “**Wer** eine Tat begeht，handelt nicht rechtswidrig”
>
> “**谁**实施一个犯行，行动得不违法”

抛开被用来修饰“Tat”一词的定语从句、将德文原文中没有明文出现（而是通过语序体现出来）的“要是……就……”这层意思在中文译文里明确地表达出来并且将“handelt”一词译成在中文里讲得通的作为名词的“行动”，我们可以得到下面这句话：

“**谁**要是实施一个犯行，其行动就是不违法的”。

没错，这就是正当防卫制度落实在德国刑事立法中的法律效果：虽然实施了一个犯行，但是行为人的“行动”——进而是这个“犯行”——却不算是违法的。据此，徐久生版的译文将《刑法典》第 32 条第 1 款说成是“正当防卫不违法”，这个话既是对德文法条文本的篡改（因为即使将“Notwehr”意译为“正当防卫”，德国的立法者也没有说“正当防卫”不违法，立法者说的是“行为”或谓“行动”——进而是“犯行”——不违法），也是一句过分正确的话（已经被评价为“**正当**”了的“**防卫**”怎么还谈得上违法不违法的问题呢？可能被推定为“违法”进而谈得上是否“违法”

的，只能是某个符合刑法分则构成要件的“**犯行**”）。

同样的，何赖杰 / 林钰雄版将上述德文法条译为“出于正当防卫而*有必要实行*某一犯行者，其行为并非违法”，从逻辑上看省略了德文原文中的一层意思。这个版本的译文丝毫没有体现出（作为正当防卫制度的成立条件）行为人在具体的案件中是否真的“实施了一个犯行”——“出于正当防卫而有必要实行某一犯行者”这句话只不过是在说“假如行为人（也即这里的‘者’字所指代的对象）出于正当防卫而有必要实行某一犯行的话”，可是然后呢？行为人在那个具体案件中客观上到底干了什么、（作为对正当防卫之构成要件的实现）他有没有实施这么一个（对于正当防卫而言“有必要实行”的）犯行，这在何赖杰 / 林钰雄版的译文中其实是完全没有提到的。因此，该版译文实际上漏译了德文原文中的一整层意思——“Wer eine Tat begeht”（“行为人实施了一个犯行”）这句话的主干部分整个没有被翻译出来。如果要把这层意思译出来，则何赖杰 / 林钰雄版的译文应该是这个样子的：

“出于正当防卫而*有必要实行*某一犯行者，其实施这一犯行时的*行为并非违法*”。[①]

反之，这层被何赖杰 / 林钰雄版漏掉的意思在我的译文以及冯军版的译文中都得到了体现。冯军版说“实施由紧急防卫所*要求的*行为者，*不是违法地*在行动”，说明作为对正当防卫构成要件的实现，行为人应当实施一个“Tat”（“行为”）。我说“实施被危

① 顺便说一句，何赖杰 / 林钰雄版负责第 32 条的译者将“Tat”译为“**犯行**”，而该中译本负责第 1 条的译者却将同一个德文词译为“**行为**”。

难中的防卫所迫切要求的犯行者，其行动不违法”，其中的“实施……犯行者”当然也意味着行为人得实际实施一个“Tat”（“犯行”）。只不过，我与冯军版对于“Tat”一词的翻译有所不同罢了［有关“Tat”的翻译问题，详见第5题一、（二）2.（2）②］。

（2）关于“Tat”的定语从句：难搞的“geboten”

①“geboten”不是“erforderlich”

由于徐久生版的译文对德国《刑法典》第32条第1款的内容进行了严重的删减与改写，以至于该版本中压根儿没有出现德文原文中“Tat”一词的定语从句，所以我们无从得知该译者打算如何翻译该条款中的“*geboten*”一词（显然，他根本就不想翻译这个德文词）。何赖杰/林钰雄版将这个出现在定语从句中的形容词“*geboten*”译为“*有必要*（的）”肯定是不合适的，因为第32条第2款中出现了另外一个形容词“erforderlich”，而该条款的译者也将其译为了“*必要*（的）”——确切地说是“*必要之*”。这个使用同一个汉语概念来对应不同的德语概念的常见错误，我在本书之前的部分中已经反复强调过多次，这里不再赘述。

就《刑法典》第32条的翻译而言，第2款中的“erforderlich”应当被译为“必要的”。虽然何赖杰/林钰雄版（“*必要之*”）、冯军版（“必需的”）以及我自己的中译本（“*必要的*”）在中文译文的具体措辞上不完全相同，但是读者不难看出，译者们在“erforderlich”一词的实质内涵上是具有高度共识的。

②“geboten”到底应该怎么译？

(i) 语文层面

回头来看第32条第1款中那个不应被译作“必要（的）”的“geboten”到底是什么意思。“geboten”这个形容词来自动词“gebieten”的完成式，其实质含义也随动词“gebieten”而变化。至于它的用法，即使对一个德国人而言，在大多数情况下当他说“geboten”时，他并不会意识到自己是在使用一个形容词还是在使用动词的完成式。所以，我们完全不必计较“geboten”这个词的性质——我的意思是：作为形容词也好，作为动词完成式也罢，具体语境下中文里怎么说顺口就怎么译。

在《杜登德语大辞典》对“gebieten”的解释中，以下两个是最为相关的：

第一，“(besonders aufgrund bestimmter Autorität，Macht，Würde) befehlen”[（尤其是基于特定的权威、权力、威严而）**命令**]，例句如“Ruhe，Schweigen gebieten”（**下令要求**安静、沉默）。

第二，“dringend erfordern，verlangen，zu etwas zwingen”[**迫切地要求**、**请求**（或谓需要）、**逼迫**（某人）做某事]，例句如“die Situation gebietet [es] dir，etwas zu unternehmen”（这个局面**迫切地要求**你采取行动）；“etwas gebietet besondere Vorsicht”（某事**需要**特别的谨慎小心）；“es ist Vorsicht geboten”（谨慎小心是**必须的**）。

回到我们的正题——出现在《刑法典》第 32 条第 1 款中“Tat”一词之定语从句中的那个“geboten”该怎么译？该定语从句的内容是“die Tat ist durch Notwehr geboten”（“这个犯行是被正当防卫所 geboten 的”）。我们来试着做填空题：

> 这个犯行是被正当防卫所____________的。
>
> A. **命令**
>
> B. **下令要求**
>
> C. **迫切地要求**
>
> D. **请求**
>
> E. **逼迫**

在“geboten”一词的众多意思（这里的“意思”确切地说是翻译成中文后的“措辞”，这些不同“措辞”在实质含义上其实有交集甚至是同义的）当中，你会选择哪一个呢？如果这是一道语文填空题，我会凭借语感选 C。原因很简单：“命令”“下令要求”“请求”“逼迫”都是人干的事儿，而这个句子中动词的发出者是一个东西（作为规范、作为制度的所谓“正当防卫”），所以只能选 C. **迫切地要求**。相应地，我对《刑法典》第 32 条第 1 款的翻译如下：

“实施被危难中的防卫所迫切要求的犯行者，其行动不违法”。

（ii）专业层面——结合德国《刑法典》第 32 条第 2 款

通过简单的语言分析，我们否定了其他几位译者对“geboten”一词的译法，剩下的选项是我的“迫切要求”以及冯军版的“要求的”。现在，我们来考虑从刑法学专业的角度来看，“geboten”应该怎样译。先说结论：我认为“迫切要求”和“要求的”都行得通，二者没有什么实质区别。

§ 32 Notwehr

（1）Wer eine Tat begeht，die durch Notwehr *geboten* ist，handelt nicht rechtswidrig.

（2）Notwehr ist die Verteidigung，die erforderlich ist，***um*** einen gegenwärtigen rechtswidrigen **Angriff** von sich oder einem anderen ab***zu***wenden.

刘宗路版

第 32 条　危难中的防卫

（1）实施被危难中的防卫所*迫切要求的*犯行者，其行动不违法。

（2）***为了***使自己或他人免于遭受当下的违法**攻击*而***实施的必要的防卫是危难中的防卫。

冯军版

第 32 条　紧急防卫。（1）实施由紧急防卫所*要求的*行为者，不是违法地在行动。

（2）紧急防卫是***为了***避免对自己或者他人的现时的违法的**攻击*所***必需的防御。

德国《刑法典》第 32 条第 1 款规定的主要是危难中的防卫的法律效果，也即“（Täter）handelt nicht rechtswidrig”[（行为人的）行动不违法]，而第 32 条第 2 款的任务则是从正面具体描述危难中的防卫的构成要件。说“主要是”，是因为在第1款中，除过危难中的防卫的法律效果之外，还包含一条成立危难中的防卫的额外条件（我们可以把它看作在其基本构成要件之外的对成立危难中的防卫的一个限制），即作为防卫的那个犯行是被（作为一项法律制度、作为一条违法阻却事由的）“危难中的防卫”所“geboten”的。

对于今天的德国刑法人来说，“geboten”就是“geboten”（“迫切要求”或谓“要求的”），它与第2款中的“erforderlich”（“必要的”）是什么关系并不重要（你当然可以认为“迫切要求”本身就是“必要的”的原因之一——相关的学术争论的确存在，但最终被证明为只是一个不解决实质问题的名词之争[①]），重要的是这个被规定在第1款中的叫作“geboten”的额外限制的实质内容到底是什么以及决定这种实质内容的基础思想又是什么（该限制的实质内容在具体案件类型中可以被落实为什么，这当然是由这一限制背后的基础思想所决定的）。那么，简单地说，立法上对（行为人实施）危难中的防卫之权利进行这种被学界称之为“**Gebotenheit**”（“**迫切要求性**”）的额外限制，根本上是基于“对个人的保护”以及“法律对其自身存在、自身权威进行确证的利益”（也就是我国学界人士通常所说的“法确证原则”）这两个方面的考虑。[②]换句话说，在一个具体案件中，如果觉得不太需要

① Perron/Eisele in Schönke/Schröder, Strafgesetzbuch, Kommentar, 30 Aufl. 2019, § 32 Rn. 44.

② Perron/Eisele in Schönke/Schröder, Strafgesetzbuch, Kommentar, 30 Aufl. 2019, § 32 Rn. 47.

对个人（行为人）通过赋予其防卫权而加以保护，并且法律也不太需要对其自身的有效性和权威通过行为人对危难中的防卫的实际实施而进行确证，那么就可以说“危难中的防卫并非迫切要求某个犯行”，从而这个犯行的实施就无法再被评价为“不违法的”。至于这个“觉得不太需要”是谁“觉得不太需要”？那当然是司法者——在个案中实际决定德国《刑法典》第32条是否可以被用来为行为人出罪的法官们。

举例来说，德国的法官们不认为行为人可以以“危难中的防卫”为名而用能够致命的电网设备去保护一棵桃树，[①] 他们也不认为行为人可以以“危难中的防卫”为名而用手枪朝一位正在逃跑的刚刚盗窃了价值1毛钱的果汁的小偷给予致命一击。[②] 在这两个案件中，他们之所以不认为危难中的防卫可以作为违法阻却事由而发挥作用，不是因为被规定在《刑法典》第32条第2款中的危难中的防卫之基本构成要件没能得到满足，而是因为其所涉及的属于行为人的个人法益在那种具体的情况下不值得被保护，并且在那种具体的情况下，旨在维护社会秩序的法律没啥必要通过允许行为人如此锱铢必较、如此不合情理地维护自己的权利而使它自身（我是说“法律自身”）得到彰显。

这就是被明文写在《刑法典》第32条第1款中的“geboten”一词在法官释法的过程中所可能起到的作用。

---

① Braunschweig MDR 47，205.

② Stuttgart DRZ 49，42.

（二）紧急避险

1. 德国《刑法典》第35条的名称

§ 35 Entschuldigender Notstand

刘宗路版

第35条　排除罪过的**危难情形**

徐久生版

第35条　（减免责任的**紧急避险**）

何赖杰／林钰雄版（译者：陈志辉）

第35条　【阻却罪责之**紧急避难**】

冯军版

第35条　免责的**紧急状态**。

先来看出现在《刑法典》第35条名称中的“Notstand”。这个名词的构词是“Not+Stand”，其中“Not”是“困境”“危难”的意思，“Stand”是“状态”“处境”“情形”的意思。“Notstand”可以指国家所陷入的危及存亡之处境（包括内忧和外患），也可以指个人所面临的一种不得不进行利益权衡取舍的两难处境，还可以指教育体制或其他领域中的困难局面。视具体语境而定，用中文里的“困境”“戒严”“紧急状态”“危难处境”“危难情形”“紧急避险”“紧急避难”等概念来对应“Notstand”在实质内涵上都是正确的。秉持尽量直译的原则，我将“Notstand”译为“危难情形”。

再来看第35条名称中的形容词部分“entschuldigender”（注意：“entschuldigend”与“entschuldigender”是同一个形容词，前者是该形容词的原形，后者多出来的两个字母“-er”是由具体语境中的三个因素所决定的：第一，该形容词后面跟的是一个阳性名词；第二，该阳性名词在此是作为主格出现的；第三，该阳性名词前面没有带任何定冠词。德语中形容词的词尾变化多端，这也是许多中文作者在自己的中文著作中以括号的形式列出德文原文时动辄就将德文写错的一个重要原因。此外，在第35条法条名称中出现的“Entschuldigender”的第一个字母e之所以是大写的，是因为它是出现在标题中的第一个单词）。这个作为法条名称而出现的形容词是由动词“entschuldigen”变来的。

依据《杜登德语大辞典》的解释，当主语是物时，“entschuldigen”的意思可以是“für jemanden，etwas Nachsicht，Verständnis zeigen，aufbringen”（“对某人或某事表示谅解、宽恕、理解”），也可以是“（einen Fehler，ein falsches Verhalten o. Ä.）entschuldbar erscheinen lassen”［“让（一个错误、一个不当举止）看上去像是可以被原谅的”］。前者的例句如“entschuldige bitte，dass/wenn ich unterbreche”（“请原谅我的打断”），后者的例句如“der Alkoholgenuss entschuldigt sein Benehmen nicht”（“喝酒可不能为他的行径开脱”）。变成形容词来修饰“Notstand”时，“entschuldigend”所要表示的意思就是“可以发出entschuldigen这个动作的Notstand”。另言之，“entschuldigender Notstand”这个表达从其语法结构上来看是“可以怎么怎么着的Notstand”，其中这个“怎么

怎么着”就是“entschuldigen”这一动词的具体意思。

于是问题转换为：德国《刑法典》第35条所规定的这种“Notstand”到底“可以怎么着”呢——另言之，作为一条出罪事由，这种“Notstand”的法律效果具体是什么呢？在此，为了简单直入地确定这个问题的答案，我们可以直接进入专业层面的考虑。德国《刑法典》第34条规定了另外一种“Notstand”，它的法律效果是（对犯行进行）“rechtfertigen”（正当化），据此，可以将作为第34条之名称的“Rechtfertigender Notstand”直译为“有正当化效果的危难情形”。根据同一个着眼点（法律效果），我将第35条的名称“Entschuldigender Notstand”译为“排除罪过的危难情形”。至于被“Notstand”所排除的那个对象为什么叫作“罪过”（而不是“责任”或“罪责”），又至于“Notstand”所发出的动作为什么叫作“排除”（而不是“减免”或“阻却”），我在此不打算进行进一步的辨析，读者可以姑且认为这是一个译者的个人偏好问题。需要明确的只是，在三阶层的犯罪论体系中，《刑法典》第34条之法律效果指向的是第二个阶层（违法），而第35条之法律效果指向的则是第三个阶层（罪过）。

2. 德国《刑法典》第35条的内容

（1）第35条第1款第1句：紧急避险的基本构成要件

① 句子主干

与前文谈论过的第32条第1款的句子构造如出一辙［详见第5题三、（一）2.（1）］，德国《刑法典》第35条第1款第1句的句子主干是：

> “**Wer** eine rechtswidrige Tat begeht，handelt ohne Schuld.”
>
> “**谁**实施一个违法的犯行，行动得无罪过。”

把这个机械对应过来的话依照中文的用语习惯再组织一下，我们可以得到下面这句话：

“**谁**要是实施一个违法的犯行，其行动就是没有罪过的”。

这就是《刑法典》第35条之紧急避险的法律效果：虽然实施了一个违法的犯行，但是行为人却不因其对该犯行的实施而被认为是有罪过的。

> **§ 35**
>
> （1）**Wer** in einer gegenwärtigen，nicht anders abwendbaren Gefahr für Leben，Leib oder Freiheit eine rechtswidrige Tat begeht，um die Gefahr von sich，einem Angehörigen oder einer anderen ihm nahestehenden Person abzuwenden，handelt ohne Schuld.
>
> **刘宗路版**
>
> **第35条**
>
> （1）面对一个指向生命、身体或自由的无法以其他方式避免的当下的危险，为使自己、亲属或其他亲近之人免受其害而实施违法犯行**者**，其行动无罪过。
>
> **徐久生版**
>
> **第35条**
>
> 1. 为使自己、亲属或其他与自己关系密切者的生命、身体

或自由免受正在发生的危险，不得已而采取的违法行为不负刑事责任。

何赖杰 / 林钰雄版（译者：陈志辉）

第 35 条

（1）为避免自己、亲属或与自己关系最密切之人的生命、身体、自由遭遇现时的、无法以其他方法避免的危险者，所为之行为无罪责。

冯军版

第 35 条 （1）在现时的、别无他法可以避免的对生命、身体或者自由的危险中，为了避免对自己、亲属或者其他亲近他的人的危险而实施违法的行为者，是无责任地在行动。

不去甄别计较单个概念的具体措辞，只看句子“结构”以及每个对刑法（教条）学而言具有重要意义的“成分”，无论徐久生版的“不得已而采取的违法行为不负刑事责任”，还是冯军版的“实施违法的行为者，是无责任地在行动”，都可谓对该条款德文原文的忠实翻译。反之，何赖杰 / 林钰雄版译文中的“所为之行为无罪责”则明显漏译了德文原文中用来修饰限定“Tat”的“rechtswidrige”（“违法”）一词。对于德国的法律人而言，法条里多一个或少一个“违法”无疑具有实质影响。相应地，这样的漏译当然会阻碍中文读者了解现行德国法律规定的真实状况。

此外，徐久生版的译文（“不得已而采取的违法行为不负刑事责任”）将德文原文中用来修饰“危险”一词的限定语“nicht

anders abwendbaren”（“无法以其他方式避免的”）在语法结构上进行了调整，放到了主句动词“begeht”（“实施”）的前方作为该动作实施的具体方式，也即译作“不得已而”（采取）。在语法上做这样的调整本身没有问题，但是将“nicht anders abwendbaren”译为“不得已而”，其准确性远不及其他几个译本所做的直译（我的译文是“无法以其他方式避免的”，何赖杰 / 林钰雄版的译文是“无法以其他方法避免的”，冯军版的译文是“别无他法可以避免的”）。“不得已而”是一个相当含混的说法，站在罪刑法定原则面前，它的合格程度与“情不得已”这个说法大约是半斤八两的关系。

② 状语之一：“in einer...Gefahr”

接下来看《刑法典》第35条第1款第1句中有关“Gefahr”（“危险”）的部分。在这句话中，“Gefahr”一词出现了两次，一次是在描述行为人的客观处境时出现的（“in einer...Gefahr”），另一次是在描述行为人的主观目的时出现的（“um die Gefahr...abzuwenden”）。

§ 35

（1）Wer in einer gegenwärtigen，nicht anders abwendbaren Gefahr für Leben，Leib oder Freiheit eine rechtswidrige Tat begeht，um die Gefahr von sich，einem Angehörigen oder einer anderen ihm nahestehenden Person abzuwenden，handelt ohne Schuld.

刘宗路版

第 35 条

（1）面对一个指向生命、身体或自由的无法以其他方式避免的当下的危险，为使自己、亲属或其他亲近之人免受其害而实施违法犯行者，其行动无罪过。

徐久生版

第35条

1. 为使自己、亲属或其他与自己关系密切者的生命、身体或自由免受正在发生的危险，不得已而采取的违法行为不负刑事责任。

何赖杰/林钰雄版（译者：陈志辉）

第35条

（1）为避免自己、亲属或与自己关系最密切之人的生命、身体、自由遭遇现时的、无法以其他方法避免的危险者，所为之行为无罪责。

冯军版

第35条 （1）在现时的、别无他法可以避免的对生命、身体或者自由的危险中，为了避免对自己、亲属或者其他亲近他的人的危险而实施违法的行为者，是无责任地在行动。

先来看第一个“Gefahr”（“危险”）。德文原文虽然使用了“in”这个介词来描述行为人与该“危险”之间的关系，但是我没有像冯军版译文那样将这个介词译为“在……中”，而是将其译为了“面对……”。原因很简单：行为人自己不一定**在**这个危险**之中**，他完全可以是事不关己的路人。在这种情况下，依照汉语的用语习惯，我们仍然会说“行为人**面临**一个危及他人的危险”，但不会说“行为人（自己）**在**一个危及他人的危险**之中**”。作为对比组，徐久生版与何赖杰 / 林钰雄版的译文中完全没有出现上述第一层意义上的“危险”，因而也就无所谓如何翻译与之相关的“in”这个介词的问题了。

③ 状语之二：“um die Gefahr...abzuwenden”

再来看第二个“Gefahr”（“危险”）。德文原文使用了“abwenden”这一动词来描述行为人在其主观动机上想要对这个“Gefahr”所做的动作。依据《杜登德语大辞典》的解释，“abwenden”有两个与此处的话题相关的意思，一个是“(sich，etwas) nach der anderen Seite wenden，von etwas wegwenden”[“(把自己或某个东西)往另一边转，(把自己或某个东西)从某个东西那边弄走”]，通俗地说，就是把某个东西拨拉到一边儿去；另一个是“verhindern，von jemandem fernhalten”（“阻止，使……远离某人”）。后者的动宾搭配有“eine Katastrophe，Gefahr abwenden”（“阻止一个灾难，阻止一个危险”）。现在，请读者注意了：这个《杜登德语大辞典》给出的例句“阻止灾难”“阻止危险”的确反映了“abwenden”在德语中的地道用法，但问题是，说“**阻止灾难**”无论在德文还是中文里都没有问题，然而德国人在说这个被我按照字面构词、字面意思翻译成中文的“**阻止危险**”时，他并不真的要表示“阻止**危险**”，他要表示的意思——按照合理的中文来说——其实是“阻止**危险的实现**”或谓“阻止**实害的发生**”。事实上，当你觉察到“危险”的“存在”时，你已经不可能**阻止**

这个“危险”（的出现）了（因为它已经出现或谓存在了），仍然可能被**阻止**的，只是这个被你觉察到的已经存在的危险的最终实现。

基于这样的考虑，我将该条款中“um die Gefahr...abzuwenden”译为“为使……免受其害”（这里的“**其**”字当然指的是“**那个危险的**”）。换句话说，我们能够**避免**或**阻止**的，只不过是他人将要或可能遭受的**实害**。同样基于这样的考虑，无论是徐久生版的“为使……免受（正在发生的）危险”，还是何赖杰 / 林钰雄版的“为避免……遭遇（现时的……）危险”，抑或是冯军版的“为了避免……危险”，严格来说都是不符合事实的说法。假如我们认为德国的立法者使用德语在构成要件中对事实情况所做的勾勒是人类语言对真实世界中可以发生的事情所进行的合理表述，那么所谓的“紧急避险”情境中的行为人有可能做到的，绝对不是“避免……危险”（冯军版）、“使……免受危险”（徐久生版）抑或“避免……遭遇危险”（何赖杰 / 林钰雄版），因为这些举动根本就不是人类在真实世界中的力所能及之事。

④“Gefahr”的“时态”：如何翻译“gegenwärtig”？

搞清楚了上一节所说的行为人到底能够对危险做些什么这一问题，我们回头来看《刑法典》第 35 条第 1 款第 1 句中（作为对行为人客观处境之描述的）那个“Gefahr”的限定语“gegenwärtig”该怎么译。

§ 35

（1）Wer in einer gegenwärtigen，nicht anders abwendbaren **Gefahr** für Leben，Leib oder Freiheit eine rechtswidrige Tat begeht，um die Gefahr von sich，einem Angehörigen oder einer anderen ihm nahestehenden Person abzuwenden，handelt ohne Schuld.

刘宗路版

第35条

（1）面对一个指向生命、身体或自由的无法以其他方式避免的**当下的危险**，为使自己、亲属或其他亲近之人免受其害而实施违法犯行者，其行动无罪过。

徐久生版

第35条

1. 为使自己、亲属或其他与自己关系密切者的生命、身体或自由免受**正在发生的危险**，不得已而采取的违法行为不负刑事责任。

何赖杰／林钰雄版（译者：陈志辉）

第35条

（1）为避免自己、亲属或与自己关系最密切之人的生命、身体、自由遭遇**现时的**、无法以其他方法避免的**危险**者，所为之行为无罪责。

冯军版
第 35 条 （1）在**现时的**、别无他法可以避免的对生命、身体或者自由的**危险**中，为了避免对自己、亲属或者其他亲近他的人的危险而实施违法的行为者，是无责任地在行动。

作为中国人在使用汉语时的一个可能存在的共识，危险也许可以是“**正在发生的**”（如徐久生版），也许也可以是“**现时的**”（如何赖杰 / 林钰雄版、冯军版），对此我不是十分确定。我比较确定的是：用“**当下的**”来形容**危险**大约不会发生歧义，并且这个形容词的意思对汉语使用者来说是不言自明的，进而德国的司法者——假如他们被允许使用德国《刑法典》中译本来用中文撰写判决的话——在以此为基础解释立法者对排除罪过的危难情形之“时间限制”时，能够享有适度的解读空间，就像他在适用德文版的德国《刑法典》进行相关的司法活动时一样。

（2）第 35 条第 1 款第 2 句：紧急避险的附加条件

① 第 35 条第 1 款第 2 句的句子结构以及本句与第 35 条第 1 款第 1 句之间的关系

《刑法典》第 35 条第 1 款第 2 句的句子结构是：

“**Dies** gilt nicht，soweit...”
“**这个**不算数，只要……”

换个更符合中文用语习惯的表达，就是：

“只要……，**这个**就不算数”。

这里的“**Dies**”（“**这个**”）指的是前一句话所说的内容，明确地表达出来的话，也即“**《刑法典》第35条第1款第1句**”。经过这样的分析过程，我将《刑法典》第35条第1款第2句前半句的主句译为：

“若……，则**第1句**不适用”。

§ 35 Abs. 1 S. 2 HS. 1

Dies gilt nicht，soweit dem Täter nach den Umständen，namentlich weil er die Gefahr selbst verursacht hat oder weil er in einem besonderen Rechtsverhältnis stand，**zugemutet werden konnte**，die Gefahr **hinzunehmen**；

刘宗路版

第35条　第1款第2句前半句

若鉴于具体情况——尤其是行为人自己引起了该危险或是他当时正处于一个特别的法律关系之中——而**可以勉强**他**忍受**这一危险，则**第1句**不适用；

徐久生版

第35条　第1款第2句前半句

在因行为人自己引起危险或处在特定的法律关系中而**须容忍**该危险的限度内，不适用**该规定**；

何赖杰 / 林钰雄版（译者：陈志辉）

第35条　第1款第2句前半句

如果行为人根据情况，尤其是行为人自招危险，或其处于特

> 别的法律关系中，**可以期待**行为人**容忍**危险时，不适用**本项之规定**。
>
> 冯军版
>
> **第35条　第1款第2句前半句**
>
> 在根据情况、特别是因为行为人自己造成了该危险或者因为行为人处在特别的法律关系中、**可以期待**行为人**忍受**该危险的限度内，不适用**这一规定**；

作为对比辨析，在其他三个版本的译文中，徐久生版与冯军版将“Dies”分别译为“**该规定**”和“**这一规定**”都是非常准确的直译（只不过读者需要结合语境自己确定其所说的“规定”具体是什么——是这个条款中的哪一部分），而何赖杰 / 林钰雄版将“Dies”译为“**本项之规定**”反而是不够严谨的。我国台湾地区的学者所说的“项”实际上是指大陆学者所说的“款”，反之，他们所说的“款”是我们所说的“项”。以此为前提，何赖杰 / 林钰雄版在此所说的“**本项之规定**”具体是指《刑法典》第35条第1款之规定（的全部内容）。从逻辑上讲，一个法条的**第1款第2句前半句**是没有能力凭借其自身的内容而使该法条的**整个第1款**无效的，否则它自己所规定的内容也应该是无效的——而这又反过来否定了**整个第1款**的无效。何赖杰 / 林钰雄版将德国《刑法典》第35条第1款第2句前半句译为“不适用**本项之规定**”，就是犯了这样一个逻辑错误（注意：德国人并没有说“**不适用本项之规定**”，德文原文的表达是“**这个**不算数”，而“**这个**”——在我国台湾地区的用语中——具体而言其实是“**本项第1句之规定**”)。

② 对“zumuten”的翻译：所谓“期待可能性”

上一小节谈的是《刑法典》第35条第1款第2句前半句的主句，现在来看该款第2句前半句之条件从句中的内容：

“soweit **dem Täter** nach den Umständen, **namentlich** weil **er** **die Gefahr** ***selbst*** verursacht hat ***oder*** weil **er** in einem besonderen Rechtsverhältnis stand, **zugemutet werden konnte**, **die Gefahr hinzunehmen**”。

完全不组织语言，“1:1”地搬译这句话时，它所对应的中文是：

“只要**这个行为人**根据具体情况，**尤其**因为**他*自己*****引起了这个危险*或者***因为**他**处在一个特别的法律关系之中，**可以被勉强**去**忍受这个危险**”。

怎么样，这个傻瓜式的德汉映射足够清晰直观吧？这句德语中的每一个词（名词、动词、助动词、介词、连词、形容词、副词、人称代词、反身代词）都能够简单粗暴地被替换为中文，连语序都基本不用调整，就可以堆出来一句意思还算明白的话，以至于我都开始想不明白在翻译它时译者们是如何做到生产分歧的。其他细节上的差异，读者可以通过对比这几个中译本去慢慢体会，在此我只强调一个问题：

德文原文“**zugemutet *werden*** konnte”（“可以***被*勉强**”）中的“zumuten”（“zugemutet”是“zumuten”的完成式）一词的意思是“**勉强**”。我不知道为什么其他译者会将其译为“**期待**”。德国人在使用“zumuten”时，内心的感情色彩就是我们中国人在使用“勉强”一词时的感情色彩，而当他们使用“erwarten”时，其所思所想也与我们中国人使用“期待”一词时脑袋里的活动完全相同。我自己是没法混淆中文里的“勉强”和“期待”这两个概念的——我虽然不能**勉强**读者去接受一个无名之辈的“异端邪说”，但即使仅仅作为读者我也肯定可以**期待**译者们在翻译德国《刑法典》时恪守本分——不要乱搞发明创造、不要随意偷换概念。

结论是：要接受在我国刑法学者中广泛流传的那个据说是来自“德国刑法教义学”概念体系的“**期待可能性**”的说法，对任何一个既真的懂德文又真的懂中文并且“认真对待语言”（这意味着“认真对待权利”）的人来说，不仅不具有（汉语正常意义上的）“期待可能性”，而且多少有些（汉语正常意义上的）“强人所难”了。

（3）第35条第2款第1句：针对紧急避险的事实认识错误

§ 35 Abs. 2 S. 1

Nimmt der Täter bei Begehung der Tat irrig **Umstände** an, **welche ihn** nach Absatz 1 entschuldigen würden, so wird er nur dann bestraft, wenn er den Irrtum vermeiden konnte.

刘宗路版

第35条第2款第1句

若行为人在实施犯行时误以为存在某些——若果真存在便——能够依据第1款而排除**其**罪过的**事实情况**，则只有在其能够避免该认识错误的情况下行为人才被处以刑罚。

徐久生版

第35条第2款第1句

行为人行为时，误认为有第1款规定不负责任的**情况**，仅在他能够避免该错误时，才予处罚。

何赖杰／林钰雄版（译者：陈志辉）

第35条第2款第1句

行为人实行犯罪行为时，误以为有依第1项阻却罪责之**情况**者，仅于其可以避免该错误时，始得罚之，

冯军版

第35条第2款第1句

如果行为人在实施行为时错误地以为存在根据第1款会使他免责的**情况**，那么，只有在他能够避免该错误时，才受处罚。

德国《刑法典》第35条第2款规定了一种被学界称为“Entschuldigungssachverhaltsirrtum”（**“对排除罪过的案情之认识错误”**）的认识错误。我在此之所以提及该法条这一部分的翻译，是因为它涉及德译汉中的一个具有普遍性的问题，即如何翻译德语中动词的**第二虚拟式**。

在第35条第2款中，第二虚拟式是通过“würden”这一助动词来表示的，所以问题归结为如何翻译“würden”。“würden”是可以对应中文里“**将要**”一词的那个助动词“**werden**”的第二虚拟式。所谓“虚拟”，从实际功能上看不过就是“假设将要”（而非“真的将要”）而已。举个例子，德文里可以现实地说“Ich werde dich heiraten”（“我将要嫁给你”），也可以虚（虚）拟（伪）地说“Ich würde dich heiraten”（“我将要嫁给你”）。由于缺乏这个被称为“第二虚拟式”的语法现象，中文里体现不出来这两句话中“将要”一词在实质内涵上的差异，而在德文里“werde”和“würde”虽然是同一个词，但形态一变其二者之间的差异却非常明显。前者的意思是“我**真的将要**嫁给你了”，后者的意思是“**如果**这样或那样**的话**，那么我**就会**、我**才会**——也即我第二虚拟式地**将要**——嫁给你”。很虚（虚）伪（拟），不是吗？这就是德语里第二虚拟式的功用。

搞清楚了“würden”的实质含义以及它在德语里的用法，想要把它转化成中文的表达就不难了。再举一个例子：“Ich würde kommen，wenn es morgen nicht regnet”（“我将要来，如果明天不下雨”）。要把其中的“würde”的虚拟含义表达出来，这句话在中文里就得被翻译为“如果明天不下雨，那我就会来”抑或“如果明天不下雨，那我才会来”。好了，现在我们来看《刑法典》第35条第2款第1句怎么译。

> 德国《刑法典》第35条第2款第1句：
>
> Nimmt der Täter bei Begehung der Tat irrig **Umstände** an，**welche ihn** nach Absatz 1 entschuldigen würden，so wird er nur dann bestraft，wenn er den Irrtum vermeiden konnte.

这句话由一个条件从句（Nimmt der Täter bei Begehung der Tat irrig Umstände an，welche ihn nach Absatz 1 entschuldigen würden）加主句（so wird er nur dann bestraft，wenn er den Irrtum vermeiden konnte）组成，而该条件从句中又包含了一个定语从句（welche ihn nach Absatz 1 entschuldigen würden）——具体而言，该定语从句是用来修饰条件从句中的宾语“Umstände”一词的。就像我在本书前文中多次演示过的那样，阅读复杂的句子时，永远先抓句子的主干，主干找出来了，自然纲举目张。第35条第2款第1句的主干是：

Nimmt **der Täter** **Umstände** an，so wird **er** bestraft.
若**行为人**以为存在**事实情况**，则**其**被处以刑罚。

行为人“以为存在”什么样的“**事实情况**”呢？答案就在“**事实情况**”的定语从句之中，并且这个定语从句是用第二虚拟式写成的：

welche ihn *nach Absatz 1* entschuldigen würden
其*依据第1款* würden 使**他**免罪

我们来处理这个至此尚未被翻译成中文的“würden”一词。如果不想突显立法者用“würden”所表达的第二虚拟式这层含义，那么译者就可以直接把“würden”译为“将”、“会”或“能够”即可。那样做的话，就修饰“**事实情况**”一词的那个定语从句而言，我们可以得出类似这样的译文：

welche ihn *nach Absatz 1* entschuldigen würden
其*依据第1款*将使**他**免罪
其*依据第1款*会使**他**免罪
其*依据第1款*能够使**他**免罪

冯军版的译文就是采用了这种译法（“根据第 1 款会使他免责”），而这种译法是没有问题的——它既没有遗漏掉立法者要表达的意思（它只是没有突显第二虚拟式罢了，“würden”一词所蕴含的假定关系、条件关系在中文的“将”字、“会”字抑或“能够”这样的字眼中其实已经有所体现了），也很符合中文的表达习惯，并且还挺简洁，可以说它是一个好的翻译。由此出发，把这个定语从句的整个内容都转化为被修饰的那个概念“**Umstände**”（“**事实情况**”）的形容词，也就是把“**Umstände**”（“**事实情况**”）右边的定语从句按照汉语的表达习惯放到“**Umstände**”的左边去，让它在汉语的表达习惯中作为“**Umstände**”的形容词而出现，同时去掉作为定语从句之语法表征的那个“**其**”字、添加一个在语法上使整个定语从句的内容看起来像是被修饰语的形容词的“***的***”字，我们可以得到这样的译文：

> Nimmt **der Täter Umstände** an，**welche ihn** *nach Absatz 1* entschuldigen würden
>
> 若**行为人**以为存在（**其**）*依据第 1 款*会使**他**免罪***的*****事实情况**

最后，把这个对句子主干部分的译文应用到整个条件从句中去，《刑法典》第 35 条第 2 款第 1 句的完整译文就出来了：

> Nimmt der Täter bei Begehung der Tat irrig **Umstände** an，**welche ihn** nach Absatz 1 entschuldigen würden，so wird er nur dann bestraft，wenn er den Irrtum vermeiden konnte.

> 若行为人在实施犯行时误以为存在某些依据第 1 款会使**他**免罪***的*****事实情况**，则只有在其能够避免该认识错误的情况下他才被处以刑罚。

就第二虚拟式在译文中的体现而言，冯军版的译文与上面这个版本的译文属于同一种译法，没有什么差异。与之相对地，在徐久生版的译文与何赖杰 / 林钰雄版的译文中读者看不到任何能够体现德语中第二虚拟式的痕迹，尽管作为法律规定（法律规定本身就是虚拟的，就是假设一个条件，然后配置一个法律效果，而与此同时现实生活中什么也不必发生），在德语中是否使用第二虚拟式——进而在中文里是否把第二虚拟式给译出来——对于句子的实质内涵不会发生任何实质影响。在这个意义上，徐久生版与何赖杰 / 林钰雄版对《刑法典》第 35 条第 2 款第 1 句的翻译倒也没有什么错误可言。只不过，在整部德国《刑法典》中，德国的立法者使用第二虚拟式来进行表达的情况一共也就只有第 16 条第 2 款、第 35 条第 2 款、第 74 条 d 第 1 款和第 3 款第 1 句、第 74 条 e、第 269 条、第 332 条第 1 款和第 2 款、第 334 条第 1 款和第 2 款这几处而已。因此，我寻思要不咱就把它们都译出来吧——毕竟，按照简单利索的懒人做法，多加一个“将”字、一个“会”字或一个“能够”（抑或“将会”“将能够”等，这个话具体怎么说任由译者自己发挥）也就算是把德文中的“würden”在中文译文里给体现出来了，不是吗？

当然，针对《刑法典》第 35 条第 2 款第 1 句，我在德国《刑法典》一书中实际上没有采纳上面那个版本的译法，而是选择了将这个由“würden”所表征的第二虚拟式之含义更加明确地突显出来，也即使用“——若果真存在便——能够”来替代和强调上述译本中的那个“会”字。此外，需要说明的是，其中，“entschuldigen”作为及物动词，在句子中跟的直接宾语是“**ihn**”，也即条件从句中的“**der Täter**”（“**行为人**”）。我在此出于体系上和专业内涵上的考虑，没有将“entschuldigen”译为“使……免罪”抑或“为……开脱”，而是将其译为“排除（某人的）罪过”，同时将“**ihn**”（“他”）相应调整为“**其**”（“**他的**”），从而得出“**其**依据第 1 款 würden 排除**其**罪过”（这里的第一个“**其**”字是定语从句的连接点，它指代的是从句中的“**事实情况**”，而第二个“**其**”字就是上一句中所说的“**他的**”或谓“**行为人的**”），并最终得出了以下这个版本的对《刑法典》第 35 条第 2 款第 1 句的完整翻译：

§ 35 Abs. 2 S. 1

Nimmt der Täter bei Begehung der Tat irrig **Umstände** an，**welche ihn** nach Absatz 1 entschuldigen würden，so wird er nur dann bestraft，wenn er den Irrtum vermeiden konnte.

刘宗路版

第 35 条第 2 款第 1 句

若行为人在实施犯行时误以为存在某些——若果真存在便——能够依据第 1 款而排除**其**罪过的**事实情况**，则只有在其能够避免该**认识错误**的情况下行为人才被处以刑罚。

虽然较之其他几个版本的译文——尤其是冯军版的足够准确的译文——而言，我对这句话的翻译不够简洁并且无中生有了以破折号引导的插入语，然而，出于某种审美的癖好以及对精准度的强迫，我还是坚持把同一个德文文本译成了德国《刑法典》一书中的那个样子。这或许就是一个翻译时仁者见仁智者见智的实例了。此外，我们还可以从中清晰地看到，在翻译的过程中为了追求某些目的，总得牺牲点儿什么——十全十美的事儿，并不经常发生。